«J»
La mujer sensual

Documento/4

«J»

La mujer sensual
El primer manual para la hembra
que toda mujer desea ser

Planeta

Dirección: Rafael Borrás Betriu
Consejo de redacción: María Teresa Arbó, Marcel Plans,
Carlos Pujol y Xavier Villaró
Título original: *The Sensous Woman*
Traducción: Susana Constante
Diseño de cubierta: Hans Romberg
Realización: Jordi Royo (foto: Norma Photo, cedida por "Playboy'

© 1969, Lyle Stuart, Inc.
© 1983, Editorial Planeta, S.A. - Barcelona, España

Reimpresión exclusiva para México de
Editorial Planeta Mexicana, S.A. de C.V.
Avenida Insurgentes Sur núm. 1162
Colonia del Valle, 03100 México, D.F.

Vigesimonovena reimpresión (México): agosto de 1999
ISBN: 968-406-049-1

Ninguna parte de esta publicación, incluido el diseño de la cubierta,
puede ser reproducida, almacenada o transmitida en manera alguna
ni por ningún medio, sin permiso previo del editor.

Impreso en los talleres de Impresos Naucalpan. S.A.
San Andrés Atoto núm. 12, Naucalpan de Juárez, Estado de México
Impreso y hecho en México - *Printed and made in Mexico*

Índice

EN EL COMIENZO...

Durante los últimos cinco años los hombres han estado diciéndome las cosas más deliciosas: que soy «sexy», toda una mujer, esa perfecta combinación de dama en el salón y maravillosa perra en la cama, sensual, hermosa, una moderna Afrodita, enloquecedoramente excitante, el epítome de la Mujer Sensual.

Algunos de los hombres más interesantes de América se han enamorado de mí. He recibido propuestas matrimoniales de personalidades tan diversas como un concertista de piano, un autor de *best-sellers*, el productor de tres de los shows televisivos más populares de América, un experto nuclear de la CIA, un abogado, un cultivador de manzanas, una estrella de radio y televisión y un especialista en impuestos.

No obstante, usted jamás podría creerlo si nos encontráramos frente a frente por la calle, porque no soy especialmente bella. Tengo muslos gruesos, caderas protuberantes, dientes hacia afuera, una nariz huesuda, mala postura, pies planos y orejas desiguales.

Jamás uso faldas ajustadas, vestidos descotados o bikinis.

No soy brillante ni tengo una personalidad magnética. En realidad, soy tímida.

Las madres, esposas y amigas piensan que pertenezco al tipo insulso de la vecina de al lado (lo que, traducido, quiere decir «no sexy»).

Pero mientras esas madres, esposas y amigas se perecen por alcanzar la prestancia de esa espectacular rubia que ondula dentro de un traje de piel de leopardo, yo soy la que lo está pasando bien... consiguiendo y *manteniendo* hombres.

Porque por medio de la inteligencia y un duro trabajo, me he transformado en una Mujer Sensual.

Y eso es lo que desean casi todos los hombres.

Más que la belleza.

Más que la brillantez.

Más que las grandes cualidades de ama de casa.

Más que una madre modelo para sus hijos.

El hombre desea una Mujer Sensual.

Porque ella lo *convence* de que él es el hombre más notable que jamás haya existido.

Las mujeres que saben limpiar, tener buen aspecto y cuidar niños, se consiguen a un dólar por docena, pero una mujer que sepa hacerle sentir a un hombre su singularidad vale para él más que nada en el mundo.

Aun si tiene usted feas rodillas, pecho plano, ojos bizcos y tendencia a la calvicie, puede aprender a hacer que él se sienta así y conseguir, al hacerlo, maravillosos beneficios, tales como *la enriquecedora experiencia de una vida sexual realmente gozosa y satisfactoria.* **Para** descubrir la manera de conseguir todos los placeres eróticos que le esperan, vuelva la página y comience a leer.

1

POR QUÉ EL SEXO FIGURA, INCLUSO ANTES QUE LAS CARRERAS DE CABALLOS, COMO EL DEPORTE NÚMERO UNO DE LA NACIÓN

Algunas de las experiencias más confusas, decepcionantes y solitarias de mi vida han sido sexuales.

Algunas de las experiencias más exquisitamente bellas, conmovedoras y compartidas de mi vida también han sido sexuales.

Habiendo atravesado buenas y malas experiencias, prefiero las buenas.

Y a usted le pasará lo mismo.

El sexo es parte inevitable de nosotros. Está presente desde el momento del nacimiento, en que se nos da una identidad sexual —varón o hembra—, y permanece con nosotros hasta el día que morimos, cuando consta en el certificado de defunción.

Es imposible prescindir del sexo, de modo que es mejor aceptarlo y buscar su lado bueno. Aquellas de nosotras que hemos sido denominadas «hembras», tenemos la obligación ante nosotras mismas de disfrutar de sus considerables beneficios, tales como... bueno,

¿qué les parece esto para empezar?: el derecho a ser suave y frágil; el lujo de que nos abran las puertas, nos lleven los paquetes, nos enciendan los cigarrillos, nos cedan las sillas; el placer de tener la posibilidad de llorar abiertamente cuando lo deseamos; la alegría de entregar todo lo que somos a los hombres que amamos y (a veces) la delicia de recibir impresionantes collares de diamantes, brazaletes de rubíes y abrigos de visón.

También puede usted considerarse dichosa de haber nacido después de 1900, porque ha llegado a un mundo radicalmente cambiado gracias al descubrimiento deliciosamente turbador de que las mujeres, *las mujeres encantadoras*, pueden, si se les da la ocasión, divertirse en la cama y a veces sienten orgasmos. Cantidades de orgasmos.

No es accidental que, cuando las mujeres descubrieron que el sexo podía ser para ellas algo más que tener niños, las carreras de caballos pasaran a segundo lugar y hacer el amor se convirtiera en el deporte número uno de la nación. Porque las buenas relaciones sexuales enriquecen emocional y espiritualmente, relajan los músculos, hacen olvidar las preocupaciones, ayudan a conseguir un sueño reparador y son una de las pocas experiencias realmente hermosas y satisfactorias por las cuales no hay que pagar impuestos.

El mayor beneficio de la relación sexual es

que se trata de un acto en que no se está solo. Tiene usted un compañero que, si ha elegido bien, la admira, la disfruta, sabe cómo tomar y dar totalmente y es la clase de hombre que la ayuda a construir un puente de intimidad que llega al corazón, la mente y el alma de cada uno.

Esto es lo que se supone que debe suceder. Pero ¿es lo que le sucede? Probablemente no. Sin embargo, si no pone todo de sí para que así sea está privándose innecesariamente, porque *es posible cambiar su esquema sexual negativo. Yo lo hice, y también varias de mis amigas.*

Hay algunas chicas con suerte que acceden a una sexualidad completa aparentemente sin esfuerzo; mas para la mayoría, transformarse en una mujer completa es un proceso largo y a menudo difícil. Muy pocas de nosotras tienen éxito. Las mujeres de hoy todavía son engañadas, y lo sabemos. Lo que es todavía más frustrante es que nosotras, las víctimas, ¡somos culpadas por nuestra difícil situación! Y no es culpa nuestra. *No* somos estúpidas, indiferentes o haraganas. Se trata simplemente de que nadie nos ha explicado nunca qué hacer para ser verdaderamente sensuales por dentro y por fuera.

Ni siquiera nuestro propio sexo se ha cuidado de nosotras. Las mujeres que han alcanzado ese extraño estado de sensualidad completa, han permanecido tan calladas en ese punto como un millonario respecto a la combinación de su caja de caudales subterránea.

Por supuesto, puedo comprender su silencio. La escasez de machos realmente buenos obliga incluso a las mujeres más deseables a mantenerse discretas. Los hombres son criaturas frágiles. Si sobreviven al nacimiento, lo más seguro es que se agoten demasiado pronto en guerras, coches, excesos de trabajo o —si todo eso falla— paleando nieve.

Con la competencia a tal nivel de ferocidad, sólo una tonta compartiría sus secretos de éxito con una mujer potencialmente tan sexual como usted, pero aquí estoy yo para revelarlo todo.

Las principales fuentes de información sobre la sexualidad femenina han sido las novelas, los manuales para el matrimonio y los artículos de revistas, y una gran cantidad de todas estas cosas fueron escritas por hombres. El trabajo más importante sobre el sexo, *La respuesta sexual humana*, de Masters y Johnson, nos informa cómo se comportan los cuerpos en el acto del amor cuando respondemos en forma correcta, pero no nos dice cómo alcanzar esa respuesta correcta si nunca la hemos tenido o si tenemos un bajo esquema de respuesta.

Durante años, mi esquema de respuesta fue tan bajo, que hubiera sido imposible de captar ni en el sismógrafo más sensible. ¿Dónde estaban aquellas sucesiones de orgasmos, aquellas pasiones ardientes y momentos de éxtasis de los cuales oía hablar continuamente? Algo parecía andar mal conmigo. Pero ¿qué? Dos psicólogos me dijeron que no tenía bloqueos mentales (es decir, sobre el *sexo*). Mi ginecólogo me aseguró que mi cuerpo era normal. Si ni mi mente ni mi cuerpo fallaban, eso quería decir que para mí debía haber otra clave hacia la sensualidad.

Mi instinto me aseguraba que yo *podía* ser una Mujer Sensual; que realmente *había* en mí un torrente de pasión que esperaba ser liberado. De una forma u otra, aun sin contar con los expertos, yo iba a liberar esa pasión.

Me gustaría decir que mi revelación acerca de cómo transformarse en una Mujer Sensual se produjo mientras estaba en el Museo de Arte Metropolitano admirando *La mano de Dios*, de Rodin, o maravillada ante el Gran Cañón o caminando por un bosque; pero en realidad, cuando vino la inspiración estaba discutiendo con una mujer por un par de zapatos azules de oferta en el sótano de unas grandes tiendas (soy una de las mejores contendientes del mundo, cuando se trata de rebajas). Los zapatos eran una verdadera ganga (rebajados de 29,95 a 6,99, y en perfectas condiciones), y a pesar de que me levantan ampollas los conservo como recuerdo del instante en que imaginé la fórmula para despertar sexualmente mi cuerpo.

Seis meses después de comenzar mi programa sensual —después de aquella revelación— había conseguido una respuesta sexual satisfactoria, y cuando se hubo cumplido un año alcanzaba ya algunas cumbres de éxtasis. ¿Me cortejaban los hombres? Pueden apostar a que sí. Era celestial. Por fin me había transformado en una Mujer Sensual, y era tan fabuloso como lo había imaginado.

Ahora, en caso de que ustedes piensen que mi realización sexual fue pura casualidad y no le será útil a nadie más, permítanme hablarles de algunas de mis amigas, empezando por Carolyn (no es su nombre verdadero, por supuesto), que una tarde, después de tres güisquis con el estómago vacío, me confesó que ese día era su cumpleaños, que cumplía treinta y seis años, había estado casada dos veces, tenía en la actualidad un amante y *todavía* no había tenido ni un solo y miserable orgasmo en toda su vida.

«No es que mis hombres no hayan sido buenos en la cama —gimió Carolyn—, porque lo han sido. Y mi amante actual es maravilloso.

»El problema lo tengo yo. Pero ¿por qué? Me siento cariñosa, disfruto del sexo, pero por mucho que trate, o que no trate, nunca llego a entusiasmarme realmente. Creo que vendería mi alma por un orgasmo fantástico. Daría cualquier cosa por saber de qué se trata.»

Cuando le hablé de mi programa sexual secreto Carolyn pensó que estaba loca, pero como no tenía nada que perder decidió probarlo. Cinco semanas más tarde tenía su primer orgasmo y algunos meses después podía llegar al clímax con su amante casi siempre.

Uno de los beneficios secundarios del éxito de Carolyn, fue que se sintió más segura como mujer, que eliminó el hábito nervioso de morderse las uñas. Ahora, sus manos son lo bastante bellas como para aparecer en un comercial de una loción de manos (y no una loción cualquiera, sino *la* buena).

«Vaya —pensé—. Mi programa funcionó conmigo y tuvo éxito con Carolyn. ¿Por qué no habría de ayudar a las otras mujeres?» Comencé a experimentar discretamente con unos pocos casos, como el de mi antigua compañera de cuarto en el colegio. Janet no tenía ningún problema para lograr un orgasmo… uno. Pero eso era todo. Descubrió que mi programa de sensualidad le permitía tener dos o tres en una sola sesión. ¿Es codiciosa? No, sólo feliz. Ahora disfruta más la totalidad del acto sexual, y su marido está increíblemente orgulloso de sí mismo, porque puede excitar tanto a Janet. Bueno, ella le deja atribuirse todo el mérito. Eso le da mayores deseos de jugar.

Por supuesto, la sensualidad es mucho más

que los orgasmos, como descubrió mi amiga Grace.

Grace es hermosa. La verdad es que hay algunos días en que es demasiado deprimente estar en el mismo cuarto que ella. Tiene largos cabellos rubios, rasgos perfectos, grandes ojos verdes, una piel espectacular, un cuerpo delgado y esbelto. Podría perfectamente servir como modelo para un aviso de cosméticos. Cualquiera pensaría que nadie con el aspecto de Grace puede tener problemas con los hombres, pero los tenía. Su esposo, Bill, pasaba cada vez más noches en la oficina... ya se sabe, trabajando hasta tarde para quitarse de encima esos papeles. Grace sabía que «los papeles» eran otra mujer, pero no sabía qué hacer al respecto. Cuando aprendió cómo satisfacer el ansia de aventura de Bill (capítulo trece), él comenzó a tomar todas las noches el primer tren a casa.

Mencionaré otro par de casos de mujeres que conozco, y luego la ayudaré a aprender por sí misma.

A mi vecina Kathy no le pasaba demasiado en la cama, porque no tenía tiempo de excitarse. Su marido terminaba en cinco minutos y, como si eso fuera poco, tenía la imaginación de un mosquito para todo lo referente a las variantes sexuales. Cuando Kathy comenzó a experimentar las técnicas prolongadoras del éxtasis que he detallado para usted en el capítulo once, Harold comenzó a durar más tiempo en la cama y muy pronto comenzó a mostrarse aventurado en lo que le hacía a Kathy. El mes pasado, ésta consiguió que Harold durara una media hora y está resuelta a conseguir una hora entera. Ahora que Kathy está tan sensual, no me sorprendería que consiguiera incitar a Harold a algunas sesiones amorosas de dos horas de duración.

Mi último ejemplo será considerado por muchas como bastante inmoral, pero tendrán que admitir que la inmoralidad de Sue sólo condujo a la felicidad.

Sue no es especialmente bonita. Es grande y pesada (ni siquiera una dieta de hambre puede cambiar eso), mide un metro ochenta sin zapatos, es prácticamente ciega sin sus gafas y tiene —para decirlo con delicadeza— una nariz grande (no es malicia por mi parte: ésa es la descripción que Sue hace de sí misma). Las únicas citas que Sue conseguía eran con tipos imposibles. Creo que supera la marca de Ohio en lo referente a pasar los sábados por la noche sentada sola en casa.

Cuando Sue tenía veinticinco años, cogió los tres mil dólares que había ahorrado en su trabajo como secretaria modelo de una empresa de electrónica, y pasó el verano en Italia. Mientras los muchachos americanos no habían creído que Sue valiese la pena, los italianos, que sienten gran fascinación por las americanas, pensaron que Sue, si bien no era exactamente una bomba, merecía por lo menos su atención.

Sue tuvo su primera experiencia sexual en Palermo... y le encantó. A la mañana siguiente, abandonó al grupo con el cual viajaba e inició una gira muy especial por su cuenta. En lugar de concentrarse en los museos y maravillosos paisajes italianos, Sue pasó el verano en las camas italianas, aprendiendo todo lo que pudo sobre el arte de complacer a un hombre sexualmente. Era una excelente estudiante.

La Sue que volvió a disgusto a Ohio ese otoño, era una muchacha distinta. Tenía aproximadamente el mismo aspecto, pero había alrededor de ella una aura sexual que hizo que dos hombres decidieran que les gustaría sacarla a pasear. Los talentos de Sue en el dormitorio volvieron casi locos a los dos hombres (sí, se acostaba con los dos para la misma época). ¿Se casó con alguno de ellos? No. Y no le sucedió nada horrible, como castigo por su mal comportamiento. Por lo contrario, esos dos caballeros rondándola sirvieron como señuelo que puso a Jack en su tela.

Normalmente, Jack no hubiera mirado dos veces a Sue, pero le provocó tanta curiosidad saber qué veían en una chica tan feúcha aquellos dos hombres, que una noche en que no tenía nada mejor que hacer invitó a Sue a cenar. Ya en la primera cita, a causa de que su atención estaba concentrada en Sue, Jack descubrió que ella era inteligente, agradable y muy buena compañera. Sue descubrió que, si se miraba más allá de su apuesto exterior, Jack era un hombre brillante y estimulante, con gran sentido del humor. Ambos descubrieron que compartían intereses tales como los misterios de Nero Wolfe, el arte renacentista, el patinaje sobre hielo, las películas de Jerry Lewis y (¡humm!) la comida italiana.

Él volvió a invitarla una vez... y otra.

Cuando Sue permitió finalmente que Jack le hiciera el amor (no tenía apuro), fue como si hubiera disparado contra un pato inmóvil. Una noche de ejercicio de su arte, y él quedó atrapado. Se casaron esa primavera. Ahora tienen tres niños y son un matrimonio verdaderamente feliz.

La sensualidad ayudó a Sue a conseguir al hombre de sus sueños, y a retenerle. Si no hubiera tenido el valor de contravenir las enseñanzas morales de su familia, nunca hubiera tenido ocasión de conseguir a Jack, porque al comienzo él no fue lo bastante listo como para ver por sí mismo que ella era muy especial. Necesitó que otros dos hombres se lo señalaran.

Ahora bien, yo no le enseñé nada a Sue. Fue precisamente al revés. Ella tuvo la amabilidad de comunicarme algunas de sus técnicas (las encontrará en los capítulos ocho, once y trece). Yo las probé y usted debería hacer lo mismo. Su hombre regresará en busca de más.

¡Viva Italia!

¿Ha fracasado alguna de las que ha probado mi programa de sensualidad? Sí, una. ¿Quién era? No tiene importancia. Les prometí que no habría más historias de casos en este capítulo, y cumplo mi promesa. Además, no creo que ella se concentrara *realmente* e hiciera las cosas exactamente como le dije.

Ahora, desearía que me prestara toda su atención por un momento. Sé que mucho de lo que lea en este libro le parecerá algo extraño o al menos exótico. Si alguien me hubiese prestado *La mujer sensual* hace unos años, yo lo hubiera mirado con cautela.

Pero recuerde esto. *La mujer sensual* resultó bueno para mí, para varias amigas mías y para algunas de *sus* amigas. Creo que lo mismo sucederá con usted, así que espero que lo pruebe con energía.

Cuando haya completado ese largo camino que va desde un sexo miserable a un sexo rico, descubrirá que verdaderamente valía la pena el trabajo.

¿Acaso ha olvidado ese importante beneficio mencionado al comienzo? Hombres. Hombres interesantes, atractivos. Porque los hombres con algo en las pelotas no pueden resistir el desafío y las posibilidades seductoras de una Mujer Sensual.

Su vida sexual y su vida amorosa pueden ser todo lo que usted desea que sean. No importa cuán desalentada se sienta ahora, a medida que vaya experimentando el programa de este libro, se sorprenderá de ver cómo su vida adquiere otro color.

Usted quiere ser una mujer completa, ¿no es eso?

Entonces, vamos al grano.

2

EL SEXO ESTÁ TODO EN SU CABEZA: USTED PUEDE APRENDER A SER SENSUAL

Todo lo que ha hecho en esta vida, ha tenido que *aprender* a hacerlo. Su linda cabeza ha sido la torre de control que la ayudaba a eliminar, por medio del razonamiento, los métodos erróneos para alcanzar un fin. Le ha conducido a caminar triunfalmente por primera vez, a hablar, leer, escribir, cantar, nadar, equilibrar su talonario de cheques, jugar al bridge y manejar las complicaciones de la compra conforme a un presupuesto. La ha ayudado incluso a adquirir el arte de ponerse pestañas postizas.

Su torre de control también va a enseñarle a ser una Mujer Sensual. Todo lo que tiene que hacer es relajarse, eliminar de su mente todas esas nociones preconcebidas que han actuado como obstáculo para la manifestación de la sensualidad, y abrirse a nuevos signos.

No me interesa si está hecha como un camionero, como la modelo Twiggy o como Bette Davis en *¿Qué fue de Baby Jane?* No hay disculpas. Usted *puede* atraer a un hombre digno de su atención, enloquecerlo de placer y mantenerlo pendiente de usted durante meses.

¿Y cómo, exactamente (ya que he prometido ser precisa), va usted a realizar este milagro? Olvide todas esas tonterías que ha leído sobre un nuevo maquillaje de fantasía o ese nuevo modelador que la hará parecer esbelta e incitante (recuerde que para hacer el amor hay que sacárselo), o el perfume hipnótico que lo atraerá en forma irresistible.

No va a transformarse en una Mujer Sensual pintando y arreglando su exterior, sino sacando a luz y afinando una gran cantidad de cualidades que han estado profundamente sumergidas en su interior.

Hay cuatro claves para la sensualidad:

1. Sensibilidad acrecentada.
2. Apetito.
3. Deseo de dar.
4. Pericia sexual.

En este capítulo y el siguiente nos concentraremos en la primera clave: sensibilidad acrecentada.

Al hacer el amor, su instrumento es su cuerpo. No debería aspirar a lo que no fuera el máximo. Un Arturo Rubinstein o un Van Cliburn no van a elegir para desplegar su arte un piano desafinado, arruinado.

Supongo que usted desea un amante de primera clase. En consecuencia, comprenda que ningún hombre jugará con usted el juego del amor durante mucho tiempo si usted no lo hace sentirse como un Rubinstein en un buen día.

De modo que va usted a transformarse en un gran piano de concierto. En ese momento, es posible que se sienta como una rígida y rechinante espineta, pero sea paciente. Los ejercicios de este capítulo y el próximo la pondrán en camino de ser un atractivo Steinway [1] nuevo.

Será bueno que antes de que siga leyendo, le advierta que me tomo muy en serio estos ejercicios. Al principio pueden parecerle tontos, pero eso es sólo por falta de hábito. Después de un tiempo haciéndolos no se sentirá más ridícula que cuando se masajea los pies después de haber estado de pie todo el día, o que cuando es sorprendida haciendo los ejercicios para mantener firme el trasero, o cuando tiene un vislumbre de sí misma en el espejo, con el rostro lleno de crema y el cabello cogido por los rizadores.

1. Famosa marca de pianos de concierto.

Ejercicio de sensualidad número uno

Este primer ejercicio es para hacerla más consciente de su sentido del tacto. Reúna una cantidad de objetos caseros de diferentes texturas, como por ejemplo un guante de cuero, una borla para polvos, una galleta, una barra de jabón, un rodillo, un sombrero de piel, un cazo de agua caliente, una toalla, su peluca, su bufanda de seda, una rebanada de pan, un alfiletero aterciopelado, un trozo de encaje, plumas, un collar de perlas, la hoja de una planta y cualquier otra cosa que se le ocurra, y colóquelos sobre una mesa. Atenúe las luces. Siéntese en una silla confortable, véndese los ojos, y luego, *suave y gentilmente*, deje correr las manos por encima de los objetos durante unos diez minutos. Deje que las yemas de sus dedos capten cada una de las distintas texturas.

Ahora, échese hacia atrás en la silla y reproduzca en su mente la sensación producida por cada objeto, de modo que sus dedos memoricen realmente la fría firmeza de las perlas, la áspera complicación del encaje, las irregularidades de la galleta, la levedad de la borla para polvos, la inesperada firmeza del terciopelo. Su memoria táctil la sorprenderá.

Vuelva a tocar todo una vez más y descanse.

Ejercicio de sensualidad número dos

Quítese las ropas de la parte superior del cuerpo. Vuelva a sentarse frente a la mesa y, con los ojos cerrados, coja objetos tales como la piel y la pluma y la toalla y, uno por uno, acaricie con ello su cuerpo, en este orden: coja el objeto con su mano derecha y traslade la piel, la pluma o lo que sea *muy* lentamente por la palma, la muñeca, el interior del brazo hasta el cuello, la mejilla izquierda, la frente, boca, cuello, bajando por los hombros, a través del pecho, por encima y por debajo de los senos, y otra vez a la mesa. Descanse un momento con los ojos cerrados y memorice las sensaciones que acaba de producir en su cuerpo.

Con el siguiente objeto, cambie a la mano izquierda. Sabrá que está haciendo correctamente el ejercicio cuando su piel comience a hormiguear y sentir la presión imaginaria del objeto.

Ejercicio de sensualidad número tres

Este ejercicio es más efectivo si lo realiza por la noche, antes de retirarse a dormir.

Ponga sábanas limpias en la cama, rocíelas ligeramente con su perfume o colonia favoritos, apague la luz eléctrica y encienda una bujía y ponga en el tocadiscos su música romántica preferida o sintonice una emisora radial que transmita música suave.

Luego, tome un largo baño caliente, dejándose relajar físicamente y liberar mentalmente. Séquese con la toalla como si estuviera manipulando un jarrón de la dinastía Ming de seiscientos años de antigüedad, y tiéndase desnuda en la cama acabada de hacer.

Déjese penetrar por el temblor de la luz, la suavidad de la música, la femineidad del aroma y la libertad de su cuerpo desnudo.

Ruede sobre sí misma.

Estírese.

Acurrúquese.

Arquee la espalda.

Mueva los dedos de los pies.

Luego, coja su loción para manos o cuerpo preferida y derrame un poco entre sus pechos y sobre el vientre. Cierre los ojos y masajee con delicada firmeza hasta que el líquido penetre en su piel caliente y sedienta. Tómese su tiempo. Disfrute con la sensación de sus manos paseándose por todas las curvas y protuberancias de su cuerpo.

¿Produce esto la sensación de que estoy procurando transformarla en una narcisista? En cierta medida, sí. Hasta que no pueda gozar de la singularidad de su propio cuerpo, no será capaz de entregarse totalmente en una situación amorosa. El hecho de que su cuerpo no sea como el de Raquel Welch, no significa que no sea muy especial. Su nueva forma perceptiva de tocarse, debe ayudarla a descubrir su propia singular construcción, y enorgullecerse de ella.

¿Ha terminado de frotarse con la loción? Muy bien. Quite cualquier exceso con una toalla, apague esa bujía, vuélvase y duerma. Si ha hecho este ejercicio correctamente, se quedará dormida con mayor facilidad y se levantará con la piel más sedosa.

Ejercicio de sensualidad número cuatro

Una de las partes más importantes del cuerpo cuando se está haciendo el amor, es la lengua. Si es usted muy habladora, este órgano es ya bastante flexible, pero se sorprenderá al advertir cómo los siguientes ejercicios aumentan esa flexibilidad y también fortalecen la lengua.

1.   Saque la lengua tanto como le sea posible. Luego vuelva a meterla en la boca, también tanto como pueda. Repita este ejercicio cinco veces.

2.   Procure tocarse la nariz con la lengua. Cinco veces.

3.   Trate de tocarse la mejilla con la lengua. Cinco veces.

4.   Pase la lengua en redondo por sus labios, en el sentido de las agujas del reloj, y luego invierta el movimiento en sentido contrario. Cinco veces.

Trate de llegar, en el período de un mes, a realizar cada uno de estos ejercicios veinticinco veces.

Ejercicio de sensualidad número cinco

Para este ejercicio necesitará de una ayuda verdaderamente deliciosa: un cucurucho de helado. ¿Recuerda esa erótica escena de comida en *Tom Jones*? Bueno, desde el punto de vista de acción sensual, puede hacer mucho con ese helado. Haga círculos y remolinos con su lengua en el helado, lámalo con delicadeza como un gato a la leche, ponga toda la boca sobre la bola de helado y deslícela hasta tocar el recipiente con los labios, luego retírelo *lentamente*. Cuando el helado comience a derretirse en los lados del cucurucho, coja las gotas con la punta de la lengua. Deténgase en cada porción de helado, permitiendo que sus papilas gustativas perciban totalmente el sabor, la textura y el frío.

Ejercicio de sensualidad número seis

Otra vez la lengua, y éste es el ejercicio más desenfrenado. Cierre los ojos, échese hacia atrás, relájese. Ahora pase la lengua por la punta de sus dedos, hacia la palma, circundando el hueco de la mano. Siga en dirección a la muñeca y por el brazo hasta el codo. ¿Percibe esas sensaciones enloquecedoras? Si no, es que no ha hecho bien los ejercicios 1 y 2. ¡Recomience y concéntrese! (Aquí se hace necesaria una advertencia. *No* recomiendo hacer el ejercicio número 6 inmediatamente después del número 3.)

Ejercicio de sensualidad número siete

El ejercicio número 7 es una recomendación para la lectura y práctica. Más que tratar de describir esos fundamentales ejercicios que condicionan sus músculos importantes en el amor, como los glúteos, los abdominales y el elevador, recomiendo decididamente que lea y *realice* los ejercicios recomendados por Bonnie Prudden, la principal experta americana en competencia física, en su libro *How to Keep Slender and Fit after Thirty*. Aunque puede beneficiarse de la totalidad del libro, los sexo-ejercicios se encuentran contenidos en el notable capítulo siete de la señorita Prudden. Creo que su actitud saludable y directa con respecto al sexo le parecerá refrescante, y los ejercicios, fantásticos. No difiera ese programa de ejercicios. Cuando llegue al capítulo once, va a necesitar esos músculos tonificados, porque allí explico cómo hacerle cosas deliciosas al hombre que ama.

Ejercicio de sensualidad número ocho

El baile. Esa manera anticuada en que él la toma en sus brazos. Deje que su cuerpo se funda en el suyo por completo, mientras usted se concentra en la sensación producida por su cuerpo, en la coordinación de sus músculos mientras se mueve junto a usted. Si cierra los ojos, eso le permitirá eliminar las distracciones visuales, haciéndola perceptiva sólo a él y a la música.

Este tipo de baile es una buena preparación para después. Al hacer el amor, la mujer debe ser capaz de seguir la guía del hombre, conectando con sus ritmos y estilo. Aunque en ocasiones nada pueda hacerlo más feliz que el hecho de que usted tome la iniciativa, rompiendo el ritmo y obligándolo a seguirla, en general no estará satisfecho a menos que él esté dirigiendo el acto. Él desea que usted le haga todo lo imaginable, pero también desea ser él quien diga cuándo. Precisamente porque en la actualidad las mujeres sabemos mucho más sobre el sexo y confesamos abiertamente nuestro apetito y nuestro conocimiento, el hombre está sometido a una prueba de eficacia mucho más severa. Ahora mucho más que antes, hasta el amante más fantástico necesita saber que él tiene el control sexual completo de la escena. Si usted aprende a seguirlo con pericia, él percibirá su respuesta apreciativa y se superará a sí mismo. De modo que ya ve : permitiéndole ser un amante más feliz, será también un amante mejor, y ambos se beneficiarán.

De modo que baile. Es una manera muy romántica de mejorar la técnica sexual... y el ejercicio es bueno para usted.

Ejercicio de sensualidad número nueve

Salga y derroche dinero en ropa interior absolutamente fantástica : encajes, sedas, algo netamente femenino. Evite las mesas de saldos y permítase adquirir verdadera calidad y belleza. Usted y su cuerpo se lo merecen y qué importante es psicológicamente para una mujer saber que debajo de su vestido hay unas enaguas tan lujosas y delicadas que enloquecerían a Audrey Hepburn y un sostén tenue que da a sus pechos la mejor forma posible, además de unas bragas elegantemente perversas que la hacen sentirse como Elizabeth Taylor yendo a encontrarse con Richard Burton.

Supongo que entiende a qué me refiero.

Ejercicio de sensualidad número diez

Este ejercicio es tan importante que me pareció que lo mejor que podía hacer era dedicarle un capítulo entero. De modo que vuelva la página para descubrir la importancia de...

3

MASTURBACIÓN

Hacer el amor es un esfuerzo físico, y como tal tiene mucho en común con el fútbol, el béisbol, la natación, el golf y otros deportes. Digamos que usted tiene una aptitud natural para la natación, pero esa aptitud es sólo el comienzo. Para aprender a nadar bien y durante largos períodos de tiempo, debe entrenar su cuerpo para soportarlo, y desarrollarlo con un régimen regular de ejercicios ideados para mejorar la capacidad pulmonar, el tonismo de los músculos y la técnica.

Si visitara un campo de entrenamiento de fútbol o béisbol, quedaría sorprendida al ver todos los ejercicios de calistenia que los hombres deben realizar diariamente, antes de que les permitan siquiera acercarse al campo de juego. Hasta que sus cuerpos están fuertes y entrenados y sus reflejos tan cargados como Elvis Presley cantando *Hound Dog*, no se les permite comenzar las prácticas de juego ni mucho menos jugar en serio.

Así debe ser con usted.

Para despertar su cuerpo y hacer que funcione bien, *debe entrenarse como un atleta para el acto del amor.*

Su campo de entrenamiento es el retiro de su dormitorio. Sus ejercicios son los nueve explicados en el capítulo precedente, y el crucial ejercicio número diez (con sus variantes) desarrollado en este capítulo.

El ejercicio de sensualidad número diez es la masturbación.

Ya sé. Se supone que eso es muy malo. Pero no lo es, y no permita que nadie se lo diga.

Masturbación es una palabra incómoda, fea, impronunciable en sociedad, que define una de las más gratificantes experiencias humanas. Es saludable, normal y razonable, y sin embargo la palabra tiene una connotación enfermiza, anormal y vergonzante. Mujeres que admitirían sin muchas dificultades que tienen un asunto amoroso, negarían vigorosamente cualquier conocimiento personal de este acto sexual tan común, dejando entender que sólo unas pocas mujeres desgraciadas y sexualmente perversas son arrastradas hasta los extremos de la masturbación.

Sin embargo, todas las mujeres se masturban en alguna época de su vida.

Las mujeres inteligentes se masturban bastante, porque han descubierto que les abre las puertas de la sensualidad, ya que fortalece y aumenta la flexibilidad de los músculos del amor, ayuda al cuerpo a responder totalmente a la demanda, y las enseña a tener orgasmos —muchos orgasmos— fácilmente.

Cuando piensa en todo lo que esto puede hacer por usted, ¿no le parece que vale la pena superar su rechazo hacia la palabra... y el acto?

El entrenamiento en la masturbación le enseñará qué zonas de su cuerpo le producen más placer al ser acariciadas, qué tipo de manipulación del área clitoridiana provoca en usted la respuesta más rápida y/o la más deliciosa, cuál es el esquema de su multiplicidad de orgasmos (¿debe usted detenerse un minuto antes de seguir adelante, o es capaz de continuar la manipulación y pasar de inmediato al orgasmo siguiente?). Aprenderá cuántos orgasmos puede tener en una sola sesión, antes de cansarse. Algunas mujeres se satisfacen con tres o cuatro y algunas han llegado a ciento antes de cansarse.

Ahora, si usted murmura que le quito al sexo lo que tiene de romántico, transformándolo en algo mecánico e inhumano, no cabría estar más equivocada. Si usted puede enseñar a su cuerpo a alcanzar el orgasmo en, digamos, tres minutos, piense en lo que va a hacer y sentir ese cuerpo suyo cuando *él* lo esté acariciando. Cuánto más delicioso erotizarse de inmediato que perder ese precioso tiempo de amor *tratando* de despertar. En pocos meses de trabajo, tendría que ser capaz de tener con él varios orgasmos en el mismo período de tiempo que ahora le supone sentir la primera señal de excitación.

La razón por la cual ha de ser *usted* quien debe enseñarse a despertar, es que los hombres no tienen la paciencia de explorar su cuerpo en forma total mientras están sexualmente excitados ellos. Ellos quieren acción, no trabajos de laboratorio.

Usted, en cambio, puesto que le conviene descubrir cómo excitarse, pasará la necesaria cantidad de horas, días y semanas para conseguirlo, y como él no estará allí observándola, no se sentirá presionada.

¿Está lista?

Elija un momento del día o de la noche en el que tenga garantizado un largo aislamiento. Quítese todas las ropas, elimine el sonido del teléfono y disminuya las luces (o apáguelas, si eso la hace sentirse más cómoda), estirándose luego en la cama.

Cierre los ojos y primero mentalmente y luego físicamente, haga correr *lentamente* sus manos por encima de su cuerpo.

Lubrique suavemente sus zonas clitoridiana y vaginal con vaselina, jalea, Nivea o cualquier otra crema para manos y cara que sea adecuada (aunque yo recomendaría no utilizar productos que contengan hormonas u otros agregados inusuales). Tómese su tiempo para aplicar el lubricante. Deje que sus dedos exploren la zona. ¿Está la cabeza del clítoris ultrasensible al tacto? Cuando frota el tallo, ¿siente una sensación de calor y excitación? ¿Lo siente mejor del lado derecho? ¿Del izquierdo? ¿Comienza a cosquillearle toda la zona? A medida que masajea la parte interna de los labios vaginales, ¿parecen expandirse ligeramente?

No hay dos mujeres que se masturben de la misma manera. En las siguientes secciones, le describiré algunas de las formas básicas de masturbación. Pruebe varias veces cada una de ellas, luego elija aquellas que prefiera y desarrolle variaciones de su propia cosecha que le sean particularmente placenteras.

Manipulación mecánica

Si usted nunca ha sentido orgasmo o le resulta muy difícil alcanzarlo, probablemente el vibrador obrará maravillas. En el mercado hay varias clases de vibradores distintos. Consultando con una cantidad de mujeres, descubrí que el estilo más popular para la actividad masturbadora es un vibrador que funcione con pilas (no hay problema con enredos de cables), y que tiene la forma aproximada de un pene. Es muy barato y se encuentra en la mayor parte de las farmacias. Es un eficaz estimulante del clítoris y también puede introducirse en la vagina. Como se anuncia en su calidad de masajeador facial, es posible comprarlo sin sentirse turbada. El vendedor no podrá saber para qué lo quiere usted.

Otro vibrador popular es un modelo escandinavo que se coloca en el dorso de la mano, permitiendo que las sensaciones de vibración sean transmitidas a su cuerpo a través de sus dedos. Este modelo es bastante caro, pero está bien construido y es efectivo.

Hay una cantidad de vibradores que vienen con tres o cuatro aditamentos que producen diferentes sensaciones. Si investiga un poco encontrará un vibrador que coincida con sus necesidades y las posibilidades de su bolsillo.

Ahora bien, para referirnos al uso del vibrador: recuerde que está usted tendida muy quieta, con los ojos cerrados, tratando de captar las sensaciones de su cuerpo.

Permita que su imaginación vuele hacia alguien que la excita sexualmente. Puede ser cualquiera. Una estrella de cine, aquel hombre tan guapo que estaba ayer delante de usted en la cola del banco, el nuevo ejecutivo de Personal de su oficina, su novio o su vecino.

Imagínelo mirándola tendida en la cama,

desnuda, con el cuerpo abierto y hambriento de él. Siéntalo acariciarle los pechos, haciendo correr sus manos por su abdomen, acariciando la parte interna de sus muslos, subiendo y masajeando suavemente su clítoris. Deje que el vibrador sea sus manos y su pene. Tómese su tiempo. Tiene toda la noche para saborear esas sensaciones. Déjese ir. Déjese arrebatar por la estimulación continua y rítmica del vibrador mientras se mueve arriba y abajo y alrededor de su clítoris y su vagina. Deje que su hombre de fantasía guíe su mente y su cuerpo. ¿Penetra él profundamente en usted, mientras su pelvis se levanta hacia él, deseosa, ansiosa por estallar en el éxtasis del orgasmo? ¿Acaso la está provocando, haciéndola buscar la próxima sensación atormentadora? Si una de las fantasías no funciona, imagine tranquilamente otra. Tiene horas de sensualidad para deleitarse.

Si tiene problemas para armar una fantasía, elija un trozo excitante de un libro y reléalo mientras usa el vibrador. Alguna literatura que ha excitado a mujeres que conozco, son las escenas amorosas de *El amante de lady Chatterley*, trozos de *Historia de O*, esa escena de *Lo que el viento se llevó* en que Rhett Butler lleva a Scarlett escalera arriba, partes de *La pagoda del amor*, *El sheik*, *Fanny Hill* y *Los aventureros*. Usted tiene probablemente otros favoritos.

Deje que sus fantasías la exciten. Algunas mujeres tienen fantasías de rapto y violación, de ser violentadas por un tigre, de ser poseídas por varios hombres a la vez, de tener relaciones sexuales con una mujer, etc. En la elección de su fantasía, sea tan escandalosa como quiera. Después de todo, nadie va a saberlo como usted no lo diga.

Hay una cantidad de mujeres que no comienzan con la masturbación hasta que tienen veinte o treinta años. Si es usted una principiante en la masturbación y los orgasmos, tal vez no tenga éxito la primera vez. Podría llevarle unas semanas de práctica conseguir que su cuerpo responda libremente. También sucederá que esos músculos que no se han usado, estén al comienzo doloridos y chirriantes. Tendrá que fortalecerlos por medio de la repetición. ¿Recuerda cómo se sintió cuando volvió a conducir una bicicleta después de no usar esos músculos desde que era niña? ¡Ay!

Lo que sobre todo necesita la principiante es paciencia, porque tendrá éxito. La investigación sexual ha demostrado que el noventa y cinco por ciento de las mujeres que se autoestimulan se hacen orgásmicas. Probablemente, con el uso del vibrador usted será capaz, en pocas semanas, de sentir un orgasmo dentro del primer minuto de contactos y luego varios más.

Manipulación manual

Una vez que aprenda a usar el vibrador, debería comenzar a usar las manos. Ahora que ya sabe lo que es un orgasmo, es tiempo de aumentar su capacidad de alcanzar total excitación con un tacto menos minucioso. El vibrador la habrá educado mal, y resultará más difícil transferir su esquema de respuesta a la manipulación menos estimulante de sus dedos; pero persevere, porque estará educándose para alcanzar un nivel más alto de sensibilidad. Con sus manos, descubrirá gradaciones de sensación que con el vibrador no habrá sabido que existían.

Según el doctor William Masters y la señora Virginia Johnson (*La respuesta sexual humana*), cada mujer desarrolla su propio estilo de masturbación, pero hay algunas prácticas comunes a todas las hembras. Las mujeres raramente manipulan directamente la cabeza del clítoris, porque en ese lugar la sensación puede ser demasiado intensa, haciendo que el clítoris duela o se irrite. En lugar de ello, las mujeres se concentran por lo común en la parte derecha del tallo del clítoris, si son diestras, o en la izquierda si son zurdas, o bien estimulan toda la zona con movimientos circulares, o de presión y liberación, de abajo hacia arriba, lentos o rápidos o en general lo que resulte más placentero. Con la manipulación de toda la zona se tarda más en llegar al orgasmo, pero es tan satisfactorio como el masaje clitoridiano directo. Es sencillamente una cuestión de preferencia personal, y sólo usted, mediante la experimentación, sabrá qué es lo que más le gusta.

En la medida en que continúe con la manipulación manual, descubrirá que está disminuyendo el tiempo que le lleva alcanzar el orgasmo y habrá descubierto también cómo manipular para conseguir múltiples orgasmos. *Resérvese varias horas a la semana para la masturbación, de modo que su nuevo esquema de respuesta sea estable.* Recuerde: está entrenando su cuerpo para transformarlo en un soberbio instrumento amoroso. Jamás alcanzará eso con lecciones esporádicas. No se puede aprender a tocar el piano si uno se le acerca sólo unas pocas veces por año. Si usted se masturba sólo una o dos veces al mes, no puede esperar que su cuerpo aprenda y retenga mucho.

Mastúrbese a placer. Después de haberse acostumbrado a ello, siga aumentando el número de orgasmos que logra en cada sesión. El mínimo a que debería aspirar es tres o cuatro, y debería alcanzar de diez a veinticinco. No hay posibilidad de lastimarse. Cuando su cuerpo haya tenido bastante, dará la señal de «agotamiento», y usted sabrá que debe parar.

Una vez que haya educado su cuerpo hasta que pueda enlazar varios orgasmos a su voluntad, tendrá la posibilidad de guiarlo a él, mientras están haciendo el amor, a adoptar posiciones amorosas que le deparen el máximo de sensaciones. Después de todo, si *usted* no sabe qué es lo que la excita, ¿cómo puede esperar que lo sepa *él*? Todas las mujeres son distintas y él no es adivino.

Hay un número casi interminable de maneras de masturbarse. Sólo su imaginación e inclinaciones la limitarán. He aquí algunos de los modos que conozco. Algunos los he probado, otros no.

Manipulación acuática

El Jacuzzi [1] es celestial. Limítese a tenderse en un baño de espuma, dirija el chorro de agua de la máquina a su clítoris y disfrute, disfrute.

Me dicen que un efecto similar puede lograrse con los nuevos bidés con ducha. Échese hacia atrás en el asiento y ajuste el chorro

1. Especie de bañera redonda muy de moda en Estados Unidos.

de modo que golpee en el lugar que más la excite.

¿Está lista para otra prueba? Quite la cabeza de la ducha, abra el agua y ajuste la presión y la temperatura de modo que resulte agradable a sus genitales. Tiéndase de espaldas y ponga su zona clitoridiana en posición de recibir el peso y el calor del chorro de agua.

Puede conseguir también interesantes sensaciones con la ducha teléfono y los regadores de jardín; al menos eso me han dicho.

Manipulaciones varias

Muchas chicas introducen en sus vaginas objetos para simular la sensación y movimiento del pene. Algunos de los objetos más populares son velas, «frankfurts», plátanos, salchichas, y por supuesto esos enormes penes de goma que ofrecen por correo. No obstante, por favor, sean inteligentes. *No* utilicen botellas de Coca-Cola, tubos de ensayo u objetos de madera astillada. No disfrutará mucho cuando el médico tenga que extraer los trozos rotos.

Me han dicho, aunque no lo sé de cierto,

que es posible tener un orgasmo montando a caballo.

Luego están las «cosquillas chinas». Tome tres bolas de plata, insértelas en su vagina y utilice luego un vibrador por la parte exterior de la vagina. Aparentemente, el vibrador hace que las bolas salten como locas de un lado al otro, y parece ser que es una sensación muy excitante.

La forma más insólita de masturbarse que me han contado, es colocar sus ropas dentro de la lavadora, ponerla en marcha y luego apoyar la pelvis contra la máquina, de modo que su pulsación le depare algunos temblores particulares.

Lo próximo que sucederá, seguramente, es que alguien imaginará la manera de conseguir orgasmos por medio de las computadoras.

Hay muchas, muchas maneras de masturbarse. Antes de que pase mucho tiempo, probablemente usted misma me escribirá para decirme cómo.

Estoy totalmente convencida del valor de la masturbación para enseñar a su cuerpo a ser sexualmente sensible. Funcionó para mí y para muchas otras mujeres. Si usted se concentra realmente y le dedica el tiempo suficiente, estoy segura de que también a usted le abrirá las puertas de la sexualidad.

Vamos, pruébelo. No le llevará mucho tiempo comprender que la masturbación es un acto feliz, saludable y normal, que puede contribuir enormemente a su bienestar y sensualidad.

A propósito, la masturbación puede ser también un control efectivo. Si está usted sexualmente excitada y encuentra que los probables compañeros de cama no le resultan especialmente apetitosos, puede evitar una experiencia que más tarde lamentará, consiguiendo su alivio sin complicaciones.

La masturbación tiene también otra ventaja que me sorprendió enormemente. En su investigación con cuarenta y tres mujeres que utilizaban técnicas de automanipulación, Masters y Johnson descubrieron que una experiencia orgásmica poderosa poco después del inicio de la menstruación «aumentaba el índice de flujo, reducía las contracciones pélvicas cuando las había y con frecuencia aliviaba los dolores de cintura asociados a la menstruación».

¿Me creerá ahora cuando le digo que la masturbación es buena para usted?

4

LA MUJER SOLTERA:
¿LO HACE O NO LO HACE?

Que más o menos todos sospechen que tiene usted una vida sexual, ¿es acaso el fin del mundo?

No. No, si es usted adulta.

Cuando se crece, se prescinde de las cosas de la niñez. Una de ellas es la virginidad.

¿Había algo incorrecto en que la gente advirtiera que se iba transformando en mujer, desarrollando los senos, redondeando sus caderas, adquiriendo vello púbico y un cuerpo totalmente femenino? Por supuesto que no. Entonces, ¿qué tiene de malo que la gente comprenda que usted utiliza su estructura femenina madura en aquello para lo que fue creada: para hacer el amor y gestar hijos? Enorgullézcase de funcionar como mujer y no permita que el miedo a una opinión pública negativa la impida transformarse en mujer completa.

Ya sé que algunas personas tratarán de derrotarla y ponerla en un rincón marcado con la palabra «vergüenza» si usted no juega el papel de virgen. Pero no es necesario que se guíe por sus reglas. Toda mujer tiene una voz interior que le dirá honestamente qué es bueno o malo para ella. Si usted aprende a escuchar esa voz y sigue sus dictados, manejará muy bien su vida sexual.

Nuestro mundo ha cambiado. Ya no se trata de aquella pregunta: «¿lo hace o no lo hace?» Todos sabemos que lo desea, que está a punto de hacerlo o que concretamente lo hace. Ahora se trata simplemente de hasta qué punto lo disfruta.

5

MANTENIMIENTO, RECUPERACIÓN
Y SALVAMENTO

Ambas sabemos que cuando se está propagando un producto (usted), el envase es importante. A menos que pueda atraer la mirada del comprador, jamás la sacarán del estante. Eso no significa que usted deba ser hermosa, pero haría bien en ser atractiva y tener personalidad. A menos que sea interesante, jamás la pondrá en su carrito de la compra ni mucho menos la llevará a su casa.

Muchos de los consejos que doy más abajo, usted ya los conoce, de modo que no he entrado en detalles. Pero si se está descuidando en alguna de esas áreas, considere mis comentarios como señales de peligro y comience *hoy* a corregirse.

Debe dedicar mucho de su tiempo a encontrar aquellas prendas que la realcen. Examine las revistas de moda, estudie a aquellas mujeres cuyo gusto admira, pruebe muchos estilos diferentes en la tienda. Si siempre se ha preguntado cómo quedaría con un traje de terciopelo negro o un provocativo vestido de casimir, no vacile. Pruébeselos y véalo por sí misma.

Aprenda cuáles son las fallas de su silueta y luego aprenda a desviar la mirada de ellas. Yo, por ejemplo, tengo una cintura pequeña y caderas anchas, lo que significa que jamás me verán con una falda recta o plisada. En lugar de eso, busco vestidos con una campana suave o en línea A, y acentúo la línea del cuello con un cuello espectacular o una hermosa bufanda. Si tiene usted una estupenda línea de busto, pero piernas gruesas, queme esas medias finas y busque vestidos, jerseis y blusas de telas ceñidas y estilos provocativos que destaquen las perfecciones de su escote. Si tiene el pecho chato, pero piernas divinas, apártese de los escotes y use las faldas más cortas que sea posible y las medias más transparentes u originales que pueda encontrar, además de zapatos muy femeninos.

Aprenda a seguir la moda, pero no permita que ésta la esclavice. Si es el año en que todo el mundo usa vestiditos negros muy *sexy*, lleve un vestido amarillo dorado. Piense en cuánto más fácil le resultará a él encontrarla en medio de toda esa gente que asiste al cóctel.

Si los colores de este año son el verde y el calabaza, pero a él le gusta el azul (sucede que es el color favorito de la mayoría de los hombres), use mucho azul.

Jamás compre un vestido sólo porque es práctico. A menos que la haga sentirse feliz y muy especial, no lo compre.

Antes de que le envuelvan esa deliciosa creación que va a costarle el salario de una semana o a tener a su familia comiendo guisados todo el mes, siéntese y estudie su imagen en el espejo. ¿Acaso tira o hace un pliegue o se sube? Camine. ¿La falda le impide caminar con gracia? Alce las manos hacia el cielo raso. ¿Ese súbito deseo suyo de echarle las manos al cuello va a provocar un molesto desgarrón? Échese hacia adelante. ¿Las costuras a los lados de su trasero parecen como intentando detener una inundación?

Las ropas que no quedan bien no son *sexy*.

Descubra qué colores le sientan bien y *úselos*. Abandone ese razonable vestido marrón cieno que la hace parecer miembro del Ejército de Salvación, y compre ese traje rosado que hace brillar su piel.

Trabaje como un demonio para acentuar sus rasgos buenos y esconder los malos. No me diga que no tiene usted rasgos buenos, porque no la creo. Vuelva a mirar. ¿Qué pasa con sus ojos, sus dientes, sus pies, su cabello? ¿Tiene usted una hermosa espalda, un trasero provocativo?

Jamás permita que un hombre la descubra con ropa interior sujeta con imperdibles. Si es usted culpable de eso, que la vergüenza caiga sobre su cabeza.

El maquillaje puede ser el aliado o el enemigo de una mujer: depende de su habilidad y gusto para aplicarlo. Bien utilizado, el maquillaje realzará su aspecto. Mal aplicado, puede hacerla aparecer como escapada de un espectáculo de ínfima categoría. Si no está segura de estar haciendo lo correcto, hay muchos lugares donde acudir en busca de ayuda. Muchos de los salones de belleza tienen un experto permanente. La mayor parte de las grandes tiendas invitan a expertos en maquillaje a que visiten sus locales y aconsejen sobre cómo aplicar el maquillaje, qué base es la correcta para su tono de piel, cómo destacar sus rasgos bellos y disimular los malos. Hay también varias revistas que publican artículos mensuales sobre maquillaje, hay también muchos libros buenos. Mi favorito es *Look like a Star*, cuyo autor es el experto de **TV** Ray Voege, que se ha pasado veinte años haciendo aparecer maravillosa frente a las cámaras a gran cantidad de gente famosa. El señor Voege dedica también un capítulo a los problemas y soluciones del maquillaje de mujeres negras. ¿Por qué ese libro es mi preferido? Porque descarta la palabrería típica del campo de la cosmética y no trata de convencernos de que antes de atrevernos a salir a la calle hay que aplicarse sesenta y dos productos sobre el rostro agotado.

Recorra su ciudad hasta encontrar un hombre que sea peluquero experto en el corte, y luego pague con agradecimiento la suma exorbitante que le pida. El factor fundamental en el aspecto diario de su cabello, no es la mujer que le hace bajar la cabeza colocándole tres docenas de rizadores y luego la asa bajo el secador una vez por semana, sino ese corte básico. Si no está bien hecho, no habrá manera de mantener la forma de su peinado, para que destaque continuamente su cara y apariencia fresca y perfecta todos los días.

A menos que su hombre sea alérgico a él, use perfume. Encontrar el perfume adecuado requerirá alguna experimentación. Sabrá que ha acertado cuando varias personas le digan que huele usted divinamente y que cómo se llama su perfume, porque ellos quieren conseguirlo para sus novias o amigas.

Asegúrese de que las uñas de pies y manos estén siempre bien manicuradas y que el esmalte no esté agrietado. Por lo general, a los hombres no les gustan esas uñas de Mujer

Dragón, de modo que asegúrese de cuál es el gusto de su hombre antes de hacer su elección.

Aun cuando su estilo sea descuidado, su apariencia debe ser impecable. Nada de bragas o enaguas colgantes, carreras en sus medias, guantes manchados, zapatos ruinosos con los tacones carcomidos, blusas a medio salir de la falda, bolso ajado, botones caídos de su abrigo, hilos colgando del dobladillo, el maquillaje de ayer congelándose en su rostro. Si su blusa o vestido tienen manchas que no pueden quitarse o están descoloridos, tírelos o úselos sólo para la limpieza.

Mi último consejo con respecto a su apariencia es el siguiente: procure usar zapatos que no le hagan daño. Mejora mucho el ánimo.

Limpieza

Mientras que muchos europeos parecen bastante desinteresados por la limpieza, los americanos prefieren a las mujeres que se bañan a menudo. Si usted se inclina a sumergirse en H_2O sólo en emergencias, no la solicitarán mucho como no sea para limpiar pocilgas.

Báñese a menudo. Utilice un desodorante.

Quite el exceso de vello de sus axilas y la parte inferior de las piernas. Si tiene bozo, hágase tratamiento de electrólisis. Mantenga limpias sus uñas de manos y pies. Póngase champú en el cabello hasta que cruja.

Durante sus períodos, asegúrese de cambiar las toallas sanitarias o los tampones con la frecuencia suficiente para que no haya posibilidad de olor. ¡Uf! El mal olor en una zona erótica no es *sexy*.

Si tiene problemas de vaginitis (todas las mujeres lo tienen en un momento u otro), vea a su ginecólogo.

Hay una zona del cuerpo que las mujeres olvidan limpiar, y es el clítoris. A causa de su forma, se adhieren a él fácilmente pequeñas partículas que no se ven. Eche la piel hacia atrás y limpie suave y diariamente la zona expuesta.

Consígase un cepillo de agua. Descubrirá que sus dientes están más limpios que nunca en su vida, y su boca más fresca. También es excelente para las encías.

Su silueta

Desnúdese. Si está generando algo de grasa, eso le impedirá el acercarse a su hombre tanto como sería su deseo. Si tiene problemas para eliminar por sí misma el exceso de peso, vea a un experto en obesidad. Él le indicará una dieta adecuada a sus necesidades particulares y el hecho de tener que verlo una vez por semana actuará como un acicate a la disciplina. Si no tiene a mano un buen médico, pruebe los *Guardianes del Peso*. Han ayudado a la gente a eliminar toneladas de grasa.

Pese a que es verdad que él pueda amarla con esas quince libras de más que tiene alrededor, la amará más y estará *más orgulloso* de su apariencia si usted elimina esa grasa.

Si no tiene usted exceso de peso, sino simplemente está floja o mal proporcionada, entonces haga ejercicio. Sí, lo sé. Yo también lo detesto. Pero parece inevitable en nuestras vidas sedentarias. Vuelvo a recomendar el libro de Bonnie Prudden *How to Keep Slender and Fit After Thirty*, para mujeres de todas las edades; tiene también un manual de ejercicios casi indoloros, llamado *Keep Fit/Be Happy*. También hay a su alcance programas de gimnasia en la YWCA [1] de su barrio.

1. YWCA, Young Women's Christian Association, o Asociación Cristiana de Jóvenes, que es en Estados Unidos muy popular, y cuyos locales abundan.

Por muy monótono que sea el ejercicio, mejorará su silueta, la ayudará a eliminar ese sentimiento de cansancio y mejorará su postura.

Su salud

Asegúrese de asistir dos veces por año a la consulta de su ginecólogo, y una vez por año a la de su médico clínico, para hacerse revisiones completas. Si no tiene buena salud, no disfrutará del sexo.

Su voz

No hay nada más desagradable en una mujer que una voz irritante. Usted puede parecer Gina Lollobrigida, pero si cada vez que abre la boca suena como una uña paseándose por una pizarra, él deseará estar lo menos posible en su compañía. Muchas mujeres ignoran que tienen voces feas. Pida prestado un grabador o utilice el dictáfono de una oficina, y *escúchese.* ¿Esa voz que oye es suave, femenina, musical? ¿O es cascada, ronca, demasiado aguda? Puede usted pasarse toda una tarde en el salón de belleza poniéndose espectacular, pero ¿qué habrá ganado si cada vez que le susurra dulces naderías, él da un salto?

Si tiene usted una voz que admitiría mejorarse (¿y quién no?), no suele ser difícil encontrar un foniatra competente quien le dará algunos ejercicios para suavizar esos matices incordiantes. Casi todos los colegios e institutos de enseñanza superior tienen foniatras, y el Colegio Médico de su provincia conocerá a alguien que opere en su zona.

¿Vale la pena tanto trabajo? Por supuesto. Si hablando con él por teléfono, su voz le inspira deseos de ir de inmediato a donde usted esté y acariciarla, habrá conseguido algo importante, ¿no le parece?

Recuerde: todas las diosas del sexo de nuestro tiempo han tenido voces tan interesantes como sus cuerpos. Marilyn Monroe tenía un memorable susurro velado y vulnerable. La voz de Sofía Loren es estremecedora y aterciopelada. La pequeña voz de Elizabeth Taylor exuda lujuria. Esas mujeres *aprendieron* a sonar así. Usted también, si lo desea, puede tener una voz personal y que cautive a los hombres. ¡Y debería desearlo! Trabaje en ello.

Es imposible negar que en el acto de hacer el amor hay riesgos implícitos.

El descuido puede llevar a un embarazo indeseado.

Su marido o su amante puede transmitirle una enfermedad venérea. La sola idea de la sífilis o la gonorrea me revuelve el estómago y es probable que a usted le suceda lo mismo. Son infecciones horribles... pero no es lo peor que podría sucederle en esta vida. Son mucho mayores los riesgos que corre al fumar que los que corre al hacer el amor, porque tiene usted la suerte de ejercer su vida sexual en un momento en que la ciencia médica tiene la posibilidad de eliminar rápidamente esas enfermedades venéreas.

Me resultaría difícil llamar a la sífilis y a la gonorrea «enfermedades típicas de *status*», pero una cantidad de gente famosa y muy respetable las ha padecido. Hace apenas unos días, estaba leyendo la biografía de Jenny Churchill, y para mi asombro se mencionaba allí que su marido, lord Randolph (el padre de Winston), había tenido sífilis.

Si tiene usted un punto doloroso o una supuración o siente que algo funciona mal en la zona genital, no se quede sentada temblando de miedo. Corra a su ginecólogo para que la medique. Cuanto más tiempo espere, más difíciles de detectar y de curar son las enfermedades venéreas.

Grite: «ayuda» al médico y «asesino» al hombre que se la transmitió... pero no permita que sus entremetidos vecinos la escuchen. Todavía no hemos llegado al día en que se pueda decir a los cuatro vientos que uno tiene una enfermedad venérea.

La enfermedad venérea no es lo único desagradable que puede sucederle durante el intercambio sexual. Mi mejor amiga tenía una aventura con uno de los solteros más divinos que hayan favorecido al *jet set* con su presencia (reconocerían de inmediato su nombre), y una noche de primavera, durante un romántico momento en La Grenouille, frente a una fuente de fresas y un café expreso, él sugirió que podían coger el vuelo de medianoche para ir a una villa deliciosa que tenía a su disposición en el sur de Francia. Fueron. La villa era verdaderamente encantadora y las camas del siglo dieciséis eran del tipo de aquellas en las que uno se sumerge y ya no desea salir... es decir, hasta que advirtieron que una de esas camas tenía ladillas (miembros de la familia de los piojos que se adhieren al vello púbico de la mujer y a toda la superficie del cuerpo del hombre). Cuando vio los repugnantes insectos que la picaban, mi amiga quedó absolutamente estremecida, y aunque ambos recibieron un tratamiento inmediato, pasaron semanas antes de que pudiera librarse de esa sensación de prurito y sentirse limpia otra vez. Ahora, cuando viaja, prefiere los antisépticos hoteles Hilton a las villas románticas pero potencialmente peligrosas.

Si bien las enfermedades venéreas, las ladillas y los embarazos indeseados son muy desagradables, estos riesgos no son razones suficientes para privarse de esa hermosa vida sexual. La posibilidad de que alguna de estas calamidades le toque en suerte es leve, y en todo caso todas solucionables. Más peligro corre conduciendo su coche en dirección al supermercado.

De modo que relájese y haga el amor.

6

SU APETITO SEXUAL

Sin duda, usted tiene apetito sexual. Si no lo tuviera, no se hubiera mezclado en una actividad de aspecto tan curioso. Estoy segura de que si seres de Marte o Venus nos espiaran durante el acto sexual, se reirían de nuestras cabriolas. Sin embargo, si pudieran sentir lo que nosotros sentimos, pasarían seguidamente de sus salchichas volantes a la cama.

Si es usted una mujer completa, y en especial si ha llegado a la mitad o finales de la treintena, está la mayor parte del tiempo ardiendo de apetito sexual. A esa edad es cuando se llega al mejor momento de la sexualidad, y a menos que tenga alguna enfermedad que la debilite, ese momento de excelencia durará el resto de su vida. Si a los cuarenta años se adora el sexo, también se lo adorará a los sesenta y a los ochenta. ¡Y usted que pensó que cuando fuera mayor haría ganchillo y miraría reposiciones de *Yo quiero a Lucy* por televisión! ¡Ja!

El apetito sexual es fundamental para una buena actividad sexual, y eso por dos razones: 1) le da el impulso de explorar con su cuerpo el cuerpo de su hombre, excitándolo en consecuencia y transformándolo en un amante mejor y 2) es lo que la lleva a buscar el placer físico a que tiene derecho.

Conceda gran valor a su apetito sexual y aprenda a comprender sus diversas manifestaciones. ¿Tal vez al comienzo de su período se encuentra adormecida, o alcanza su mayor altura cuando está menstruando? ¿Está baja por la mañana y excitada por la noche? ¿Se siente fogosa a primera hora de la tarde y poco entusiasta después de cenar? ¿Acaso se despierta en plena noche, deseándolo terriblemente? ¿Es usted más apasionada cuando se acerca el día catorce o quince del mes? Si el cansancio la enfría sexualmente, ¿se asegura de hacer una media hora de siesta aquellos días en que es más probable que su hombre quiera hacer el amor? Cuando bebe, ¿ha aprendido cuál es el punto en que el alcohol deja de ser un estimulante para pasar a atontarla? ¿Ha descubierto cuáles son las caricias que despiertan su apetito sexual y cómo hacer para prolongar o apresurar el éxtasis sexual?

Como mujer, es responsabilidad suya conocer totalmente los ritmos y caprichos de su cuerpo. Si jamás les ha prestado atención, comience hoy mismo, iniciando un pequeño diario y escribiéndolo durante unos tres meses. Anote la fecha y la hora del día en que se siente excitada sexualmente y/o hace el amor. Después del acto sexual o la masturbación, califique brevemente su respuesta sexual como soberbia, buena, indiferente o desdichada. Pronto sabrá mucho de usted desde el punto de vista físico.

Y entonces podrá apreciar y usar inteligentemente su apetito sexual para lo que fue creado: para actuar como clave del buen intercambio sexual.

7

ÉTICA SEXUAL

Hay una característica incómoda en eso de llegar a ser una Mujer Sensual. Es preciso asumir la responsabilidad de sus actos.

Habrá momentos en los que se sentirá tentada de iniciar una relación con un hombre, y le preocupará saber si es correcto o incorrecto desde el punto de vista ético.

Yo he establecido mi propia escala ética, que a lo largo de los años ha producido una serie de decisiones. Las transmito aquí como materia de reflexión.

1. Creo que una mujer debe mantenerse apartada de los hombres de su hermana o de su mejor amiga.

2. Creo inmoral que una mujer permita que la toque un hombre que no le gusta... aunque sea su marido.

3. Creo inmoral que una mujer no se entregue por completo al hombre que ama (a menos que haya tenido el poco juicio de ena-

morarse de un hombre que no le conviene...
en cuyo caso debe huir de él).

4. Creo moral que una mujer se entregue
a un hombre que respeta, admira y hacia
quien se siente atraída sexualmente, en la medida en que no rompa una promesa de fideli-
dad que haya hecho a otro hombre.

5. Creo que una mujer tiene la obligación
moral de no fastidiar, manejar o de cualquier
manera torturar física o emocionalmente a
un hombre a cuyo amor y sexualidad no puede
corresponder.

Transformarse en una Mujer Sensual no le
da licencia para hacer cualquier cosa que desee. En algún momento, tendrá que estable-
cer una escala de valores practicables. Cuanto
antes se aclare con respecto a lo que considera correcto o incorrecto, antes se habrá
evitado una cantidad de culpas molestas y de
situaciones desagradables.

8

SEXO: QUÉ USAR

Ahora que ha recorrido su cuerpo hasta el punto de conocer de memoria todas sus líneas y claves, es momento de vestirla y empujarla a la arena sexual.

Ropas

Cuando se trata de cómo desean ver a su dama en la cama, los hombres son increíblemente desconcertantes, testarudos, muy personales y a veces de un horrible mal gusto. Ese sorprendente peinador nuevo que usted compró pensando que era seductor, puede llegar a parecerle «muy bonito», mientras que aquel insignificante vestido de playa que compró en Jamaica puede transformarle en un demonio sexual. Tendrá que actuar un poco como detective para descubrir qué arreglo excita a cada hombre y luego adaptarse a ese estilo, porque la idea masculina de lo que es «sexy» puede tal vez modificarse, pero no cambiar totalmente.

Creo que debe serle evidente que si tiene intención de gozar de una vida sexual frecuente no debe deslizarse entre las sábanas cuando *él* está por allí, cubierta de cremas, con el peinado protegido por una maraña de pañuelos de papel o el cabello cogido en rizadores y su cuerpo envuelto en una bata vieja y deforme con el dobladillo deshecho y aspecto desastroso. En esas circunstancias, sólo un gorila, un demonio sexual o un hombre privado de sexo durante algún tiempo se excitarían.

Por otro lado, meterse en la cama con un maquillaje nocturno especial y envuelta en metros de provocativo encaje negro, tampoco es garantía de contacto sexual. Si sucede que a su hombre le gusta el estilo «reina de las nieves», el audaz color negro no lo entusiasmará.

Hay dos maneras de descubrir cuál es su visión de una diosa del sexo: una es preguntárselo directamente, y la otra probar con distintos atuendos. Yo me inclino por una combinación de ambas tácticas, porque es obvio que su descripción de lo que lo estimula visualmente es invalorable para ganárselo y mantenerlo, y experimentando con distintos atuendos una vez cada tanto estará utilizando una potente arma: la sorpresa. Hablaremos más de esto más adelante.

Primero, echemos una mirada a algunas de las clásicas modas de tocador.

Hay una sorprendente cantidad de hombres que consideran muy eróticas las ligas negras, los tacones altos y las medias negras. Personalmente, creo que son vulgares, pero si el hombre al que deseo quiere que use esas prendas, yo lo haría de vez en cuando, y usted debería hacer lo mismo. Después de todo, nadie más va a verla, y si la visión de usted, dando cabriolas por ahí como escapada de una película francesa decadente, hace que él desee empujarla a la cama, sería muy tonto por su parte no hacerlo y beneficiarse de su deseo de sumergirla en un mar de sensualidad.

A muchos hombres los fascina el estilo «reina de las nieves»: metros y metros de blanco virginal festoneado de encaje o volantes, tal vez con una faja azul de moaré, y un baldaquín o una elegante cama Imperio cubierta con sábanas bordadas, colchas de satén blanco y montones de pálidas almohadas de seda. Para este tipo de hombre, el desafío de excitar y conquistar a esa helada, femenina y perfecta mujer, puede transformarse en una fiebre. Habitualmente, este hombre será un amante muy ardiente y le comprará cosas de buen precio.

Hay una gran cantidad de hombres que seguirá anhelando la tradicional bata negra diáfana. Casi invariablemente, durante los primeros años de matrimonio, la esposa recibirá por lo menos una seductora bata negra como regalo de Navidad de su marido. No diga: ¡Puf! ¡Qué porquería! Siéntase orgullosa de que en lugar de imaginarla inclinada sobre el cubo, fregando la suciedad de la noche anterior, la imagine desnuda (excepto por una o dos onzas de nailon negro), acurrucada en la cama, ardiente como Sofía Loren o Ava Gardner. Las prendas de noche negras significan que él está interesado en el sexo y deseoso de esforzarse para hacerlo excitante.

Si le regalan prendas de noche absolutamente perversas, ruborícese si debe, pero úselas... *y con frecuencia.* Si él le regala un camisón apropiado para su bisabuela, *entonces* debería comenzar a preocuparse, porque tiene usted problemas como mujer.

Aunque en este momento no están de moda aquellos *baby dolls* esponjosos y cortos, tienen muchos entusiastas masculinos, habitualmente entre aquellos hombres que gustan de darle el caviar y el helado en la boca, de mimarla y comprarle enormes animales de paño. Si anhela sentirse como una niña consentida, póngase para él uno de esos camisolines y descubra si él es su «papito querido».

Otro estilo muy popular es la limpia apariencia de la joven que acaba de hacerse mujer. Es muy efectivo si tiene usted cabellos largos y lacios y usa camisones sencillos y prístinos, pero muy femeninos, en tonos pastel o estampados de pequeñas flores. Sin embargo, no deje de mirar el calendario, y tan pronto como pueda fascine a su hombre con algún otro estilo, porque ése es muy difícil de mantener cuando se llega a la treintena o a la cuarentena. ¡Ni hablar de la cincuentena, por supuesto!

Claro que una de las visiones sexualmente más estimulantes que él puede tener a la hora de acostarse, es la de usted, saltando dentro de la cama, perfumada, empolvada y *desnuda*. Si tiene usted una buena figura, su propia piel es el traje más atractivo en que puede dormir.

Cabello

Desde que en la década de 1920 las mujeres comenzaron a cortarse el pelo, los hombres no han dejado de quejarse. Tienen razón. El cabello largo *es* muy sexy sobre la almohada, hermoso para deslizar las manos por él y de gran efecto cuando usted está desnuda y cuelga sobre su espalda. Si su rostro y su figura quedan realzados por el cabello largo, déjelo crecer, pero si le queda muy mal o le resulta imposible criarlo sano, no se deprima. Algunas de nuestras mayores diosas del sexo han tenido melena o incluso cabello *corto*... como Ava Gardner, Marilyn Monroe, Jane Russell y Jean Harlow.

El cabello largo, como los rasgos perfectos, es deseable, pero no esencial para atraer a un hombre.

Por supuesto, puede recurrir a los postizos y pelucas para agradar al hombre entusiasta del cabello. Todo ese pelo falso puede ser maravillosamente sensual cuando él está admirándola desde el otro lado de la mesa, o devorando su perfil en la penumbra del cine; pero, ¡ay!, los problemas que puede crear cuando él la lleva a usted y al cabello a la cama.

Las pelucas se deslizan. La primera vez que traté de hacer el amor con una peluca puesta, me pasé la mayor parte del tiempo sujetándola frenéticamente para evitar que se pusiera del revés. Desde aquella horrible experiencia, he dejado libres mis manos para dedicarlas a actividades más interesantes, por el simple expediente de sujetar con firmeza la peluca a mi cuero cabelludo con montañas de horquillas, pero sigo considerando que hacer el amor con peluca es algo que debe realizarse en ocasiones, no con regularidad, porque las pelucas producen mucho calor y toda su costosa arquitectura se deshace. Prefiero enredar mi propio cabello. Pero de vez en cuando es divertido usar peluca, sobre todo si es de un color distinto al suyo, porque eso le permite a él vivir (sin peligro para usted) una de las más comunes fantasías masculinas: la de estar haciendo el amor a alguna mujer nueva y misteriosa.

Los postizos también tienen sus trampas. Mi amiga Claire, que tiene un postizo de color caoba que le queda sencillamente delicioso, nunca había dejado que su nuevo amigo la viera sin él. Él suponía que todo aquel cabello era suyo. La primera vez que hicieron el amor, él, en un exceso de pasión, la cogió por el cabello para hacerla reclinarse frente a él, y se quedó con el cabello en la mano. Estuvieron ambos a punto de desmayarse. Él, porque durante un momento terrible pensó que de algún modo le había arrancado el cuero cabelludo; ella, a causa de la turbación y del dolor.

Que el largo de su cabello sea de cinco centímetros o de un metro, no tiene importancia. A los hombres siempre les gustará tocarlo. A ningún hombre le agrada el cabello aceitoso, y todos están decididamente en contra del exceso de *spray* y de los peinados tan complicados, que da miedo tocarlos. De modo que guarde esos peinados elaborados para los fotógrafos, los almuerzos femeninos y las fiestas de caridad. No tienen nada que ver con la almohada. Si lo piensa bien, descubrirá que es usted la que más sufre con un peinado de fantasía, porque si tiene miedo de arruinarlo no podrá relajarse y pasarlo bien en la cama.

Las mujeres no son las únicas vulnerables en lo tocante a los cabellos falsos. A mi amiga Linda se le quedaron los dedos pegados en el pegamento del tupé de su nuevo amigo (no había advertido que llevase uno). Una situación delicada, sin duda. Pero mientras que el pegajoso descubrimiento enfrió su ardor momentáneamente, le pareció que él quedaba muy bien sin cabello y resolvió beneficiarse de su secreto. Él era un conocido presentador de televisión, y fueran donde fuesen eran perseguidos por bienintencionados que sólo deseaban decir «hola», pero que luego charlaban interminablemente, arruinando cualquier clima o conversación que ambos estuvieran disfrutando. Linda lo convenció de que saliera sin el tupé (no parecía realmente el mismo hombre), y lo tuvo todo para ella, en público y en privado.

A su vez, él quedó impresionado y contento por el hecho de que Linda hacía sus citas con su personalidad *real*, y no con la celebridad de la pantalla televisiva.

Sostenes

Ya que estamos hablando de plumas falsas, haríamos bien en discutir las ventajas y desventajas de los sostenes rellenos y los postizos. Tengo sobre esto una opinión bien definida : no los use para atraer o seducir. Cuando se los quite para el amor, él verá la mujer real, y si es un hombre al cual le gustan los grandes pechos, se sentirá desilusionado. Úselos ocasionalmente para realzar las líneas de un vestido o jersey específicos, y si tiene usted el pecho plano evite a los hombres atraídos por los grandes senos (sólo conseguirá que le creen un innecesario complejo de inferioridad), y encuentre un agradable amante y/o marido a quien le fascine su hermoso trasero, sus fantásticas piernas o lo que sea. Después de todo, por ahí anda una muchacha de grandes pechos que carece tal vez de algunos de sus rasgos buenos, y necesita la admiración de alguien. Usted no. Por cada hombre amante de los pechos grandes, hay otro que los detesta (gracias a Dios). ¿Estamos de acuerdo?

Visión

En la cama, las gafas están totalmente fuera de la cuestión. Hasta hace muy poco, ese detalle estropeó el placer de mujeres que son casi ciegas sin sus gafas. Ser capaz de ver a su compañero, sus expresiones faciales, la manera en que reacciona su cuerpo y todas esas cosas maravillosas que está haciéndole a *usted*, todo eso es parte de la diversión y el estímulo del sexo. Si últimamente ha tenido la sensación de estar haciéndole el amor a *La Sombra*, cómprese lentillas de contacto. Si antes de hacer el amor se las coloca correctamente, verá *todo* con excitantes detalles.

Maquillaje

Pertenezco a la escuela de las que creen que antes de ir a la cama usted debería limpiarse la cara, sí, pero dejando un trazo de delineador y un toque de lápiz de labios.

Sin un poco de color en mis labios, parezco una tuberculosa en el último grado de la enfermedad, y si no acentúo ligeramente mis ojos, sencillamente desaparecen. Una noche de sueño no mejora la apariencia de mi imperfecto rostro. Es posible que *usted* se despierte con los ojos brillantes, la tez deslumbrante y las mejillas sonrosadas. Yo me levanto con círculos bajo los ojos, la piel pastosa y el rostro hinchado. Utilizo con gratitud cualquier cosa de la noche anterior que me permita disimular eso. El único hombre que ha visto mi rostro completamente desnudo es mi médico; habiendo elegido una profesión que hace que la gente se le presente con su peor aspecto, a estas alturas debe de estar acostumbrado a visiones espantosas.

Es verdad que todos conocemos mujeres que se ven perfectas sin nada más que unos polvos ligeros en la cara, pero yo no pertenecería a ese selecto grupo ni siquiera con la ayuda de la cirugía plástica. De modo que doy color y realce a mi rostro.

En la actualidad, muchas mujeres se maquillan antes de ir a la cama, de modo que tienen un aspecto maravilloso no sólo cuando están haciendo el amor, sino también si él se despierta en medio de la noche y la ve dormida junto a él. Nunca pensó en esa horrible posibilidad, ¿no es verdad?

¿Qué usan? Pestañas postizas (no, no estoy bromeando), delineador, una base casi inexistente, un toque de colorete y lápiz de labios. Pasan media hora poniéndose un maquillaje diseñado para producir el efecto de que no hay maquillaje.

Hay otras mujeres que no consiguen acostumbrarse al maquillaje nocturno pero que tampoco pueden soportar la idea de que su hombre las vea a cara limpia por las mañanas: se aseguran entonces de levantarse siempre quince minutos antes que sus respectivos compañeros, de modo que la circulación tenga oportunidad de comenzar a realizar su trabajo revitalizador y ellas puedan, secreta y pacíficamente, aplicarse ese poco de maquillaje tan necesario.

En la actualidad, hay una sola situación que una mujer se ve obligada a enfrentar sin maquillaje: una operación. Y sin embargo hay varios hospitales que están comenzando a ceder un poco en sus reglas quirúrgicas absurdamente rígidas. Si hay algún momento en que una mujer necesita tener alto su espíritu, es cuando están a punto de abrirla.

¿Me saco completamente el maquillaje en algún momento? Por supuesto. Todos los días, por lo menos dos veces. Pero nunca cuando él anda por ahí. Si él me viera en algún momento a cara limpia, no sufriría un colapso nervioso, pero tampoco busco ocasiones de exhibirme cuando sé que no estoy atractiva.

Satisfacer al polígamo

Dentro de un momento, hablaré de las fascinantes posibilidades de la pintura corporal y los trajes de harén, pero creo que primero deberíamos ver por qué una mujer debería aprender a ser varias personas distintas para el hombre que ama.

Casi todos los hombres son polígamos por naturaleza. Sin embargo, afrontan la horrible frustración de vivir en una sociedad monógama. Por mucho que deteste pensarlo, sé que, abandonados a sí mismos, la mayoría de los hombres jamás se casarían. En consecuencia, es natural que un hombre tenga una mirada errática y una fértil imaginación sexual. Él no está traicionándola cuando mira anhelosamente a esa sinuosa rubia y sueña con devorarla. Es un instinto natural y no tiene nada que ver con el hecho de que la ame a usted. Casados o no, los hombres continuarán mirando, y muchos de ellos probarán otras mujeres además de usted. Es posible que esto le desagrade, pero tendrá que vivir así.

Son las mujeres quienes mantienen vivo el matrimonio y se benefician más de él. De modo que acéptelo. *Si una mujer va a mantener monógamo a su hombre, es responsabilidad suya darle en casa la aventura y variedad sexual que él podría encontrar fácilmente en otra parte.*

Sé que ésa es una orden difícil de cumplir. Tendrá que luchar con el más terrible enemigo sexual de la mujer, la familiaridad, porque provoca aburrimiento en el macho.

Para evitar sus vagabundeos, sus mejores aliados son:

1. Imaginación.

2. Sensibilidad para sus humores y deseos.

3. El valor de experimentar con nuevas técnicas sexuales (capítulo once), situaciones y lugares atrayentes.

¿Está lista para algunos ejemplos? Ted y Marge han estado casados ocho años. Los primeros tres años, Ted se volvía loco por Marge en la cama, pero en el cuarto ella advirtió que Ted no dedicaba tanto tiempo al sexo. En aquellas ocasiones en que antes pasaban tal vez una hora haciendo el amor, la habían reducido a media. Como si eso no fuera absolutamente evidente, Marge empezó a comprender que su acto sexual obedecía a un modelo establecido. Ella sabía todo lo que Ted proyectaba hacer antes de que lo hiciera, y también conocía su propia respuesta. Por instinto, Marge supo que Ted estaba maduro para caer en la cama de otra mujer: necesitaba el estímulo de una experiencia nueva. Ella decidió reavivar el deseo sexual de Ted, para evitar que otra mujer le echara mano.

La semana siguiente, Ted tuvo que viajar a Pittsburgh por negocios de la compañía, y durante su ausencia Marge trabajó frenéticamente. Primero, fue al salón de belleza y se hizo aclarar algunos mechones de su magnífica melena castaña. Luego, hizo redecorar su convencional dormitorio con... ¿está usted preparada?... con espejos. Espejos ahumados en las paredes y el cielo raso. Guardó la vieja colcha de felpilla rosada y la reemplazó por una inmensa manta imitación a piel. Las nuevas sábanas tenían un diseño de piel de leopardo y la iluminación era una combinación de bujías y esas pequeñas bombillas de lectura de gran intensidad.

El día que Ted debía regresar de Pittsburgh, Marge lo llamó y le dijo que comprendía que él estaría cansado cuando llegara, pero que le pedía que, para darle gusto, siguiera exactamente las instrucciones que le daban las notas que encontraría en el apartamento. Curioso, Ted aceptó.

La primera nota (que estaba en la puerta) decía: «El hecho de que estés en casa me hace sentirme caliente y estremecida. Deja tu maleta y ve directamente a la nevera.»

La nota que había en la nevera decía: «Abre la puerta y verás un Martini muy seco en un vaso ya enfriado. Lleva tu trago al baño de huéspedes.»

En el lavabo, Ted tenía instrucciones de sumergirse en la bañera llena de agua caliente que lo esperaba, mientras sorbía su Martini.

Pegada a la toalla con la cual se secó, había una nota que decía: «Tienes el cuerpo más excitante que conozco. Si quieres ver por ti mismo por qué eres el hombre más sensual del mundo, ven al dormitorio.»

Ted, muy intrigado (y bastante cachondo también después del baño y el martini), entró en la habitación llena de espejos, vio a Marge estirada sobre la piel con un bikini negro y su cuerpo reflejado, reflejado, reflejado por todas partes, y no pudo resistirlo. No salió de ese dormitorio en todo el fin de semana, y sólo permitió que Marge se levantara para conseguir comida y ocasionalmente un trago.

Por supuesto, Marge no redecora su dormitorio cada vez que siente que a Ted le vendría bien un poco de estímulo sexual, pero sí le presenta cosas inesperadas con suficiente frecuencia para mantenerlo en vilo.

Una de las estratagemas más ingeniosas de que he tenido noticias, fue la empleada por Janet (¿la recuerdan, del capítulo uno?), cuyo aspecto y comportamiento son tan respetables y señoriales, que a su lado Emily Post sería una libertina.

Hace poco, un sábado por la noche, Janet retrasó a propósito el momento de vestirse para la cena a la que ella y su esposo habían sido invitados. Demostró tener tan poco tiempo, que tuvo que terminar de maquillarse en el coche, y en el momento en que llegaban a la casa de sus anfitriones, estaba colocándose los pendientes y los guantes. Sin embargo, Janet bajó del coche con un aspecto perfecto, estupendamente arreglada y vestida. Arrojó su bomba de tiempo mientras estaban de pie en los escalones de entrada, haciendo sonar el timbre.

En el momento en que la puerta comenzaba a abrirse y era demasiado tarde para retroceder, Janet cogió el brazo de su marido y susurró: «¡Oh, Dick, estaba tan apurada, que olvidé ponerme las bragas!»

Durante toda la velada, Dick estuvo imaginando el aspecto de su distinguida esposa debajo del vestido. No permitió que se le acercara ningún hombre y para el momento en que emprendieron el regreso a casa, estaba tan excitado por la desnudez secreta y tentadora de Janet, que no pudo esperar. Se detuvieron en un motel.

Dick la había visto a las seis de la tarde completamente desnuda y no había sucedido nada, pero las imágenes que esbozó de Janet desnuda a medias lo volvieron loco.

Al día siguiente, Janet me confesó que esa noche Dick se había excedido como amante y que ella nunca se había sentido tan perversa, sensual... y deseable.

¿Cuáles son algunos de los otros ingeniosos métodos utilizados por las mujeres para encender la sensualidad de los hombres? Uno de los más audaces que he oído, fue el de una fiesta en la que las seis parejas invitadas pintaron el cuerpo de los otros en un arcoiris de color.

Una joven ama de casa que conozco, en ocasiones le sirve la cena a su marido desnuda de la cintura para arriba. Como azafata es un gran éxito, porque hasta ahora nunca han llegado a los postres.

La manera más sencilla de reavivar el interés de su marido, es cambiar su apariencia. El hecho de que use usted flequillo desde los diez años, no significa que su frente esté condenada de por vida. Pruebe un estilo nuevo que la deje descubierta.

Si ha estado eligiendo ropas matronales, cómprese algo juvenil y estimulante. Si es usted adicta a los marrones, negros y grises, cámbielos por amarillo brillante o rojo fuego.

Si es usted regordeta y de pronto se quita de encima cuatro o cinco kilos, su nueva figura esbelta será para él como un magneto, simplemente porque es nueva y desconocida.

Durante el verano, cuando los niños están de campamento, Sue recibe a su marido por la noche con trajes exóticos, y crea un personaje que vaya de acuerdo con ellos. Una noche puede ser la habitante de un harén, a la siguiente Lolita, una «vedette» del Ziegfield Follies, una cortesana francesa del siglo XVIII, una gitana que dice la buenaventura, una rígida maestra de escuela a quien hay que obligar a manifestarse, una esclava romana, una doncella india.

¿Ridículo? Sí y no. Desempeñar papeles fascinantes ayuda a atenuar el mal humor que le producen las repetitivas tareas del hogar a que está sujeta cotidianamente. Si mientras está fregando o encerando el suelo de la cocina, imagina el traje de una «geisha» y una hermosa cena japonesa para acompañarlo, entonces la limpieza del piso se hará con más alegría y Jack no tendrá que enfrentarse con una mujer enfurruñada.

Adora huir de la rutina e introducirse en otros mundos. Y a Jack le encanta ser sorprendido y alimentado. Jamás se lo verá demorándose en la oficina para tomar un trago con los muchachos. Está ansioso por regresar a casa junto a Sue. Jack nunca irá a la caza de otras mujeres. Tiene tantas en casa, en la persona de Sue, que su deseo de vagabundear está completamente saciado.

Ahora bien, no es necesario emular las producciones espectaculares de Sue, pero no estaría mal que de vez en cuando lo recibiera, después de un día duro, con su pijama más seductor o aquel pequeño bikini que no se atrevió a usar en público, o ese hermoso peinador que ha guardado en un cajón porque «es demasiado bueno para usarlo todos los días». ¿Y qué le parece unas medias de malla o una de las camisas de él... sin nada debajo?

Si aprende a mantenerlo desprevenido y curioso, estará demasiado centrado en usted para descarriarse.

¿Eso quiere decir que usted no puede relajarse y ser usted misma? Por supuesto que no. Sólo significa que usted debería mostrar todas las facetas de su personalidad y no sólo una o dos. Usted no usaría el mismo vestido todos los días de su vida. ¿Por qué tendría que encerrarse dentro de un solo humor o estilo de vida?

Esto tampoco significa que usted tenga que ser un camaleón permanente. Durante cinco días de la semana, sea su propio yo simpático y adorable, pero al sexto día de la semana dele un poco de encanto y excitación. El hecho de no saber *cuándo* va usted a estimularlo, forma parte de la diversión.

Prométase ahora mismo ser más inventiva en lo referente a su apariencia. Apuesto a que aprenderá a disfrutarlo... y a él le encantará.

9

CÓMO CONTRIBUIR A SU OBRA
DE CARIDAD FAVORITA: USTED

Cuando fue ordenado que era correcto y hasta importante que la hembra obtuviera satisfacción sexual, el mundo del libro se encontró navegando en una nueva ola de ventas. Psicólogos, psiquiatras y ginecólogos corrieron a sus máquinas de escribir y dictáfonos para desgranar manuales prestigiosos y caros destinados a aconsejar a esposos y esposas (la gente soltera tenía que arreglárselas sola), diciéndoles cómo se suponía que tenía que ser el sexo en el matrimonio y cómo las parejas debían calificarse en cuanto a lograr satisfacción sexual.

Casi todas las parejas modernas leyeron esos libros y practicaron lo aconsejado por los autores.

Las técnicas variaban, pero las reglas eran claras. Las mujeres eran sexualmente sensibles y dependía de los hombres excitarlas y satisfacerlas, fuese cual fuera el esfuerzo necesario para lograrlo. Cualquier hombre que por puro agotamiento o rebeldía se echara atrás, era un canalla.

Cuando se registró la venta del primer Manual del Matrimonio, pasó de moda aquella vieja regla de que la mujer había sido hecha para dar placer al hombre.

El mundo sexual era ya la ostra femenina, los papeles se invirtieron y teníamos, después de siglos de hambre reprimida, la orden de gozar.

Los detalles de cómo había que gozar exactamente, dependían del experto al que estuviera leyendo. La revolución sexual es similar a las revoluciones en el cuidado del niño y la psicoterapia. Las teorías y el dogma abundan, y son aceptados y descartados con gran facilidad.

Las mujeres que seguían siendo insensibles fueron calificadas de frígidas, aunque apenas unos años antes, esa misma indiferencia era denominada normal y hasta distinguida y no era nada por lo que preocuparse. Una gran cantidad de mujeres mayores cayeron en esa trampa. No es fácil cambiar treinta, cuarenta o cincuenta años de lavado de cerebro en una actitud receptora de nuevas ideas.

Algunas de las mujeres que intentaron ganarse una oportunidad igual en la cama, abrieron en realidad una caja de Pandora de acusaciones de emasculación por parte de sus maridos, que quedaban expuestos como amantes inhábiles.

Hubo esposos que se pusieron tan tensos por la responsabilidad y la complejidad de las técnicas supuestamente necesarias para excitar a sus esposas, que dejaron de disfrutar del sexo e hicieron todavía menos el amor a sus mujeres.

Otros muchos trabajaron con tanta intensidad y solemnidad para excitar a su esposa, que la dama se puso nerviosa, sintió que *tenía* que parecer apasionada *ya que él estaba intentándolo con tanta concentración*, y entonces fingieron aquellas sensaciones eróticas que ansiaban experimentar.

Algunas mujeres, temerosas de confesar el hecho de que sexualmente se encontraban vacías, les dijeron a sus maridos y amigas que alcanzaban un placer tremendo, y luego se angustiaron en secreto por las razones por las cuales no lo sentían.

La gran emancipación sexual y el aluvión de consejos de expertos que fue su consecuencia, produjo a muchas mujeres gigantescos dolores de cabeza.

Por no atender a nuestros instintos, nosotras, las mujeres, cometimos una cantidad de errores. Este capítulo se refiere al peor de todos ellos, porque a algunas de nosotras nos costó nuestro hombre.

Estábamos tan ocupadas en la cama «satis-

97

faciéndonos», *que olvidamos nuestras res-*
ponsabilidades como mujer. Éramos ávidas,
egoístas y tontas.

Olvidamos que en esa cama había dos personas, y que darle al hombre una hermosa experiencia sexual era tan importante como ex-
perimentarla.

Olvidamos lo que se les ha enseñado a las
mujeres desde el comienzo de los tiempos:
que como mujeres deberían ser ardientes con-
servadoras de nuestro más importante recur-
so natural (el hombre), en lugar de utilizarlo
desaprensivamente.

Ponga esta nota en su cama, su espejo, su
pared, señora, como un signo, hasta que *sepa*
que forma parte de su ser: *Fuimos creadas*
para deleitar, excitar y satisfacer al macho de
la especie.

Las mujeres *verdaderas* lo saben.

No me digan que es injusto. La naturaleza
también nos busca, porque trabaja en los dos
sentidos. Los hombres fueron creados para
deleitar, excitar y satisfacer a la hembra de la
especie.

Los sexos tienen distintas maneras de ex-
presarlo. Los hombres conquistan por medio
de la pasión y el amor agresivos y experimen-
tados; las mujeres se rinden y son arrebata-
das por la pasión y el amor.

Todo esto lleva a un punto que deseo destacar.

Si retrocede usted hasta el capítulo 2, observará que la tercera clave de sensualidad era *El deseo de dar.*

Cuando es usted capaz de entregarle cada pulgada de su cuerpo con alegría, ternura y lujuria, y cuando es capaz de usar con dulzura su cuerpo adiestrado eróticamente, como instrumento sensual para saciar su apetito, entonces descubrirá que recibirá a cambio un placer exquisito. Porque él no podrá dejar de ponerse a tono con la situación, igualando su completa sensualidad.

Estando en compañía de una gran artista (usted), él procurará instintivamente alcanzar una excelencia semejante en su desempeño.

Una vez vi a una compañía de actores bastante malos, que consiguieron funciones de gran calidad cuando aparecían en el mismo escenario que aquella gran actriz (y perfeccionista) que era Judith Anderson. La incapacidad de la señorita Anderson para aceptar lo mediocre, hizo que cada actor sintiera que su vida dependía de su excelencia, y por la sola magia de su presencia los actores hicieron una función que ignoraban podían hacer. Ella necesitaba rodearse de calidad, de modo que les arrancó calidad.

Eso es lo que usted puede hacerle a un hombre en la cama.

Aprenda a usar ese poder.

Nadie tiene tanto que ganar con la entrega como una mujer.

¿Cómo puede enseñarse a dar? Ya ha hecho progresos. Haciendo los ejercicios de los capítulos 2 y 3, ha entrenado su cuerpo para conseguir un patrón de respuesta más rápido y agudo. Cuando su cuerpo *siente* más, automáticamente da más; porque siente por instinto que dando, consigue. Cosecha los dividendos de más y mejores orgasmos y una actividad sexual más excitante. Cuando su cuerpo siente que fluye dentro y al mismo tiempo que el de él, y que usted no puede evitar inclinarse en cualquier dirección que él elija, sabrá que su entrega es valorada.

Una segunda forma de saberlo será la respuesta que él dé a sus técnicas sexuales. El capítulo 11 le dará las habilidades amorosas necesarias para inducirlo al placer que él anhela.

Recuerde: cuanto mejor sea con él en la cama, mejor será él para usted.

La entrega puede llevarla al paraíso. Una actitud demandante en la cama puede provocar una actividad sexual mediocre, o lo que es peor... ninguna actividad sexual. Es muy probable que él la cambie por alguien con mejor esquema de respuesta.

Dé... pero no sea una Pollyanna, una mártir, una santa o un felpudo. Su cerebro es parte de su cuerpo y debe usarlo.

Aprenda a ser una dadora esclarecida. Si cuando comienza a hacerle el amor, él no da nada a cambio, hay por lo común dos posibilidades.

1. Es egoísta.

2. Todavía no ha llegado a su completo florecimiento sexual y no sabe cómo responder ni técnica ni emocionalmente.

Si el pobre tipo es egoísta, deshágase de él. Nunca será digno de usted y mientras tanto se perderá una cantidad de alegrías con algún otro.

Si posee buenas cualidades, pero tiene mucho que aprender sexualmente, y a usted le gusta, ayúdele a explorar y tomar el control de su sexualidad.

Hay muchos hombres sensuales que no llegan a su mejor momento hasta los cuarenta o cincuenta años.

Uno de los hombres más apasionados que he conocido, tuvo que llegar a los cincuenta y seis años para aprender a manejar su naturaleza, altamente erótica. Toda su vida había mantenido su sexualidad bajo un control rígido. De hecho, sus actitudes y acciones rozaban el puritanismo.

La primera vez que hicimos el amor, mi alegría y mi placer de dar le sentaron mal. Precipité en él una verdadera lucha, porque se desaprobaba por responderme y me desaprobaba a *mí* por resultarle tan excitante, y lo peor es que no podía apartarse de mí. ¡Oh, sufrió mucho!

Yo tuve una intuición de la sensualidad que había en él y tuve la paciencia de esperar a que saliera a la superficie. En pocas semanas se abrió totalmente y se transformó en un amante sin parangón. Aunque supuso un tiempo liberarlo, nunca conocí a un hombre con un apetito sexual más grande y que diera tanto a una mujer sexualmente.

Valía la pena entregarse a él y esperarlo, y es un ejemplo perfecto de lo que quiero decir cuando hablo de ser una dadora esclarecida.

No se malgaste, pero no retroceda con un hombre que vale la pena. Cuando está entregándose por completo a ese hombre, está contribuyendo a su obra de caridad favorita: usted.

10

CÓMO SABER DE ANTEMANO
SI UN HOMBRE RESULTARÁ BUENO
EN LA CAMA

Es posible que la cubierta de un libro no ayude a saber si es bueno o no, pero es posible descubrir muchas cosas sobre el talento sexual de un hombre, por medio de signos exteriores.

Sin saberlo, él le da una cantidad de claves para conocer su sensualidad.

Si aprende a leer correctamente esas claves al principio del juego, podrá tener una idea buena de si él pertenece a su cofradía sexual o si sería mejor dedicarse a otro.

Los ojos, por ejemplo, pueden ser muy reveladores... y engañosos. Antes de permitir que la arrastren un par de brillantes ojos azules o castaños aterciopelados, observe cómo los usa.

¿Sus ojos acarician y desvisten su cuerpo con evidente placer? Es un buen signo.

¿Tiene usted la sensación de que él no mira por completo su cuerpo? ¿Ni siquiera cuando está dándole la espalda? Cuidado. Puede ser uno de esos hombres que se avergüenzan del acto sexual y que a causa de eso lo realizan a la ligera.

¿Trata de seducirla con miradas? Las miradas penetrantes que la hacen sentir que él ve claramente el camino hacia su palpitante corazón y su tembloroso clítoris, o aquellas largas miradas espirituales utilizadas para hacerla deshacerse, no son indicaciones de superior habilidad. Pueden ser las herramientas de un amante de segunda categoría.

¿La desconcierta no ser más que una sombra para él cuando está sin gafas? No se preocupe. A menudo los miopes son amantes maravillosos, mientras que hay por ahí algunos machos con visión de águila y la habilidad sexual de un eunuco.

¿Pertenece él al grupo de los que realmente no se preocupan por mirar su rostro y su individualidad al hacer las primeras insinuaciones sexuales? Manténgase alejada de él. No está interesado por *usted*; sólo desea una compañera de cama adecuada.

Preste atención a su manera de besar. Si ataca su boca con fuerza suficiente como para hacerla temer que va a hacerle tragar sus propios dientes, será todavía más brusco en las etapas más avanzadas del amor. A menos que esté usted obsesionada con la medicina, ese hombre es sinónimo de mala noticia, porque se pasará usted la mitad de su tiempo en el osteópata haciendo que le arreglen el hombro; en el dentista, haciéndose poner nuevos dientes; con el ortopedista haciéndose entablillar sus dedos delicados, y en la nevera sacando hielo para aplicar a los hematomas. Si, por el contrario, se limita a picotearla con los labios secos y fruncidos, no es probable que más tarde llegue a acelerarle la sangre. Envíeselo a alguna chica que piense que el sexo es uno de los desagradables deberes inherentes al matrimonio. Se merecen el uno al otro.

Si es baboso, no es sensual.

Invariablemente, los buenos amantes usan con imaginación sus lenguas en las primeras etapas. Si él usa mal su lengua o no la usa en absoluto, será igualmente soso en la cama.

¿Cuando él la acaricia se estremece usted y comienza a sentir una sensación cálida? Es probable que consiga de usted respuestas aún más candentes cuando la tenga sin ropa. Sin embargo, si pertenece al grupo de los que arrugan la blusa y tiran de la falda, no será mucho más sutil con su piel desnuda. Sea cauta.

¿Trata a sus pechos como si se tratara de pomelos verdes, en lugar de acariciarlos con firmeza pero dulcemente? ¿Quién lo necesita?

¿Tiene un cigarrillo encendido en el cenicero mientras intenta seducirla? Es probable que le guste más el tabaco que el sexo.

¿Llega para cenar, bebe y come como un

cerdo y luego se queda dormido en el diván mientras usted quita la mesa? Su gula puede ser mayor que su deseo sexual.

Hay muchas claves para descubrir el nivel sexual de un hombre. Si está usted alerta, lo descubrirá pronto.

¿Es posible que salga airoso de todas sus pruebas y sin embargo resulte un madero en la cama? Sí, en ocasiones es posible ser engañada totalmente. Pero una vez que haya afinado todos sus sentidos para percibir el estilo amatorio masculino, no habrá muchos amantes negligentes en su vida.

Eliminar los posibles impedimentos antes de acceder a la intimidad, resulta beneficioso para ambos. Queda a salvo su orgullo de macho y usted se evita una situación desagradable. De modo que si está usted segura de que será un mal compañero de lecho, no tenga compasión y apártelo de su vida sexual. En este mundo hay muchos hombres realmente maravillosos, y no hay que perder el tiempo con un mal amante sólo porque está a mano o usted no desea pasar por una situación desagradable o herir sus sentimientos.

11

CÓMO CONDUCIR AL ÉXTASIS
A UN HOMBRE

Hasta los Peregrinos [1] tenían vida sexual. No estoy segura de que tuvieran *grandes* vidas sexuales, pero seguramente de vez en cuando eran dados a un flujo de actividad. De modo que, mientras acomoda su hermoso cuerpo en la cama de él, considere que está llevando adelante una gran tradición americana... y aprenda a hacer el amor correctamente.

En la actualidad, hacer el amor correctamente significa una acción no inhibida y armoniosa llevada adelante con habilidad y gracia consumadas.

¿Significa esto que voy a decirle que cometa locuras?

Mmmmm. Voy a decirle *exactamente* cómo hacer cosas locas y deliciosas al hombre que ama.

Paso a paso.

Y si usted tiene sentido común, las intentará todas.

1. Se refiere a los padres fundadores de los Estados Unidos.

Y lo que es más, va a sorprenderse y a gustar de una buena cantidad de estas imaginativas maneras de expresar amor y sensualidad. Porque ahora está usted transformándose en una mujer sensual, recuérdelo, y éste es el momento de enterrar para siempre la idea de que hay maneras «buenas» y «malas» de hacer el amor.

Si usted pertenece a esa generación que fue educada para creer que el intercambio sexual es parte de la carga femenina, junto con la menstruación, los montones de ropa sucia y la interminable pila de platos, fuentes y cacerolas sucias, va a tener que trabajar un poco más que otras mujeres para exorcizar los fantasmas de la culpabilidad sexual.

Si es usted una hija «liberada» de estas generaciones, tendrá que estar no obstante alerta, porque absorbió en su niñez esa atmósfera de frigidez sexual, y aun cuando luego la haya superado por medio del conocimiento, todavía puede ser tocada por ella. Uno de los momentos especialmente vulnerables en que eso puede sucederle, es cuando está usted a punto de probar algo nuevo en el terreno de la sexualidad. Cuando sienta que una nueva posición o acto comienzan a inhibirla, cierre los ojos y dígase con firmeza que cualquier cosa que dos personas amantes aprendan a hacerse sexualmente es decente, respetable y buena para usted, y luego haga esa cosa nueva que la pone tan nerviosa *inmediatamente*. Ya ha llegado demasiado lejos en su lucha por conseguir una actitud sexual abierta y saludable, para permitirse retroceder cuando se enfrenta con lo desconocido.

En las siguientes secciones, aprenderá los movimientos básicos del arte amoroso. Algunos le gustarán más que otros; algunos le gustarán a *él* más que otros. *Todos son normales y populares*. Experimenten, discutan entre ustedes los resultados y luego incorporen a su actividad amorosa las cosas que les resulten más excitantes.

Las zonas erógenas del hombre

Para hacerle el amor a un hombre en forma adecuada, tiene que conocer el territorio. Muchas mujeres no advierten que el cuerpo del hombre está absolutamente plagado de zonas que son un semillero potencial de respuestas eróticas.

Hay muchos hombres que también se sorprenden al descubrirlo. Han estado tan ocupados concentrando sus pensamientos y sensaciones en su pene, que han olvidado descubrir el resto de sí mismos.

Por ejemplo, ¿sabía usted que del cincuenta al sesenta por ciento de los hombres experimenta una erección parcial o total de las tetillas? ¿Y que el pecho de algunos hombres puede ser eróticamente más receptivo que el suyo propio?

¿Y sabía que cuando usted muerde suavemente a ciertos hombres en las nalgas, tienen una erección?

¿Y que explorar con su lengua el interior de la oreja de un hombre, puede estremecerlo? ¿Y que si al mismo tiempo respira dentro de su oreja puede excitarlo mucho?

¿Y que si usted juega con su ombligo a él puede desagradarle?

Cada macho tiene su individualidad sexual. Hasta tanto no haya explorado cada zona del cuerpo de su hombre, no lo conocerá por completo.

La cabeza

Una de las zonas más eróticas del hombre es el *interior* de su cabeza. Su respuesta a los grabados sexuales, la literatura pornográfica o su voz en el teléfono haciendo sugerencias sexuales provocativas, es instantánea y evidente.

La mujer inteligente jamás olvida la importancia de excitarlo mentalmente. Susurrarle exactamente lo que piensa hacerle en la cama, creará en su mente imágenes que probablemente lo excitarán tanto como la realidad. Leerle una escena provocativa de un libro picante puede llegar incluso a arrancarlo de la visión de la repetición por TV del partido de fútbol de la semana anterior. En este caso digo *puede*, porque si es entusiasta del fútbol, no estoy segura de que ni siquiera Sofía Loren podría separarlo del aparato receptor cuando en él se registra alguna acción.

Las fotografías son sorprendentes. Esas postales y revistas francesas tan crudas y de mal gusto, pueden parecerle a él también crudas y de mal gusto, pero no se sorprenda de que al mismo tiempo que mira y dice «qué feo», tenga el comienzo de una erección. Es posible que a usted un soneto la ponga caliente y receptiva. La temperatura masculina se eleva más rápidamente con estímulos literarios más primitivos. De modo que asegúrese de mantener bien surtida su librería mental.

El beso

El secreto de un buen beso es una boca relajada. *Nunca, nunca* frunza los labios o bese con los labios y dientes firmemente cerrados. ¿Qué le parecería a usted estar besando a alguien que parece padecer de un principio de trismo? Bueno, a él tampoco le gustará. Deje que sus labios queden muy relajados. Libere la tensión de su mentón. Automáticamente, sus dientes se separarán ligeramente y podrá deslizar su traviesa lengua dentro de su boca, a medida que aumenta la presión del beso (y su pasión).

Naturalmente, mientras se besan usted seguirá su guía, pero hay muchas cosas que puede hacer sin que parezca que «toma el control». El truco consiste en introducir variantes como respuesta a él. Por ejemplo, cuando sube usted a por aire después de uno de esos besos largos y hambrientos, béselo ligera y velozmente en los ojos, la nariz, la frente, el cabello, el mentón y luego otra vez en la boca, metiendo en su boca la parte derecha de su labio superior y luego todo el labio inferior con un suave movimiento de succión, liberándolo luego y dejando correr luego suavemente su lengua por encima de los dientes superiores, encías y alrededor y dentro de sus labios, para finalmente dejarse absorber una vez **más** en un beso profundo. Mmmmm, qué delicioso.

¿Recuerda esos ejercicios de lengua del capítulo dos? ¿Comprende cómo la flexibilidad acrecentada la ayuda a penetrar dentro de su boca y pasearse por debajo, por encima y alrededor de su lengua? ¿Advierte su nueva fuerza cuando succiona su lengua? ¿Y el estremecimiento que lo acomete cuando usted deja correr suavemente su lengua por su mejilla, su cuello y su pecho en dirección a la tetilla izquierda? Deje correr su lengua varias veces alrededor del pezón, luego por su pecho hacia el otro pezón, excítelo y luego regrese a su boca. Ningún hombre puede permanecer indiferente con una boca como la suya tentándolo.

Béselo por todas partes y luego vuelva una y otra vez a los lugares que él prefiera.

Los músculos pélvicos y vaginales y las sorprendentes sensaciones que pueden producir

Cuando me excito sexualmente, mi cuerpo se ve obligado a contonearse. Siempre me ha sucedido lo mismo. Durante varios años, pensé que era una desgracia, y cuando tenía una cita solía concentrarme tanto en suprimir ese con-

113

toneo revelador, que era incapaz de disfrutar completamente el beso. Me habían educado severamente, y no tenía dudas al respecto: ninguna buena chica se contonea.

Supongo que sólo cuando se es joven se puede ser tan estúpida.

En años posteriores, cuando permití a mi cuerpo que obedeciera a sus impulsos, quedé estupefacta al descubrir que mi vergonzoso contoneo pélvico era objeto de gran admiración del sexo opuesto. Era sensual. Y los hombres se dejaban fascinar por el deseo de descubrir cómo se sentirían sus penes hundidos en el centro de ese contoneo rítmico y provocativo. Un hombre me confesó que durante meses había tenido un sueño recurrente referido a eso.

A los hombres siempre los hipnotizan los movimientos ondulantes. No hay nada más hipnótico que una danzarina del vientre, y hasta el repertorio de balanceos y vueltas de una desnudista, aun cuando se realice con rostro de palo, sigue resultando fascinante para el público.

Aprenda a mover su pelvis y su trasero como si fueran un cojinete de bolas. Tiéndase sobre la espalda, con el peso descansando en los hombros y brazos, levante sus caderas y haga diseños imaginarios con esa parte de su cuerpo. Primero pruebe a hacer círculos, en el sentido de las agujas del reloj y al revés, luego haga un ocho y un cuadrado. Ahora, deje que los músculos de sus glúteos levanten y bajen su zona pélvica, una y otra vez. Piense en cómo sentirá su pene sumergido profundamente en usted mientras usted se mueve. Muy agradable. Piense en las sensaciones que le estará procurando *a él*. Ahora, contraiga sus músculos vaginales como si estuviera tratando de aprisionar su pene. Relájese, vuelva a contraer los músculos y vuelva a relajarse. Si ha estado practicando el ejercicio de sensualidad número 7 (los ejercicios sexuales de Bonnie Prudden), será capaz de ejecutar una docena de acciones de asimiento y relajación distintas, prácticamente sin esfuerzo.

Si ha estado remoloneando, póngase a ello. Cuando un hombre penetra a una mujer, ésta no debe permanecer quieta como una muñeca, sino que se supone que debe salir a su encuentro y ayudar a la penetración, atraer su pene hacia sus profundidades y hacerlo sentir que el centro del universo es su temblorosa y enloquecedora vagina.

Eso requiere músculos.

¿Y qué se consigue? Tres cosas:

1. Saber que lo enloquece sexualmente.

2. Estos ejercicios son muy adecuados para adelgazar la cintura y las caderas, achatando el vientre y endureciendo el trasero.

3. Su acrecentada flexibilidad le permite colocar su pelvis de manera de conseguir el

máximo estímulo clitoridiano, y ambas sabemos los resultados positivos de esto.

De modo que comience a trabajar con esos músculos de los glúteos, del abdomen y elevador.

La Mujer Sensual (que es usted, recuérdelo) también tiene que ser inimitable en

Mordisquear, pellizcar, devorar, lamer y chupar

Vamos, ¡no frunza la nariz ni ponga esa cara fea! Para la mayor parte de la gente que lo prueba, el sexo oral es delicioso. Es parte del lote de placeres de la Mujer Sensual y si es usted «snob», tiene la ventaja adicional de ser una manera muy prestigiosa de hacer el amor (es la forma preferida de muchas estrellas de cine, artistas europeos famosos y representantes del *jet set* internacional).

¿La idea de meterse en la boca el pene de un hombre le parece repugnante? Si es así, usted es probablemente un producto típico de los tabúes americanos contra la gratificación oral. Después de todo, nos han acostumbrado a pensar que uno de los actos más hermosos y naturales del mundo, el de una madre alimentando a su hijo, es vergonzoso y ofensivo para la mirada. ¿Por qué no iríamos a creer que es insalubre e incorrecto aplicar nuestros labios a una zona del cuerpo que ha estado en nuestra vagina y se utiliza habitualmente para orinar?

En realidad, besar el pene de un hombre es mucho menos insalubre que besar su boca. La boca y la garganta son verdaderos semilleros de gérmenes. En lo que se refiere a eso, estará usted expuesta a más infecciones y enfermedades en una reunión que en la cama. Y en cuanto a que el sexo oral sea incorrecto, comprenda que lo único que tiene de malo es que *usted piensa* que está mal.

La primera vez que un hombre «se bajó conmigo» (lo que oficialmente se llama cunilinguo cuando él se lo hace y felacio cuando se lo hace usted, aunque ambos sexos suelen evitar esos términos científicos y dicen «comer»), yo me quedé algo extrañada. No podía imaginar por qué razón querría hacer una cosa tan desagradable. Aunque me quedé inmóvil, debí de comunicarle mis sentimientos porque se retiró rápidamente (para alivio mío), y volvió a la manera «correcta» de hacer el amor: el coito, con el hombre arriba y la mujer abajo, y el beso limitado a un boca a boca.

A medida que fui haciendo más el amor, descubrí que aparentemente no sólo era nor-

117

mal que un hombre deseara el contacto oral con una mujer, sino que casi invariablemente deseaba que ella (¿quién? ¿yo?) se lo devolviera.

Toda mi crianza puritana se resistía a esta idea. Sin embargo, mi lado práctico me señaló que mientras yo podía muy bien ser poco entusiasta con respecto al sexo oral, era muy entusiasta con respecto al coito, y que unos minutos de juego oral-genital era un precio pequeño que pagar por el gran placer que conseguía de todo lo demás.

De modo que decidí que iba en la dirección de mis intereses mantener la boca abierta (en este caso) y aprender unas pocas técnicas orales básicas para complacer y excitar al hombre que amaba.

Después de un tiempo, por pura repetición, me las arreglé para superar mi repulsión. No era una fanática del sexo oral, pero no me importaba practicarlo y lograba cierto placer emocional al hacer feliz a mi compañero.

Jamás se me ocurrió que alguna vez pudiera considerar satisfactorio al sexo oral, pero gracias a una explosiva experiencia con un nada inhibido hombre de Chicago, accedí finalmente a las alegrías de la gratificación oral.

La noche de mi descubrimiento comenzó en un lujoso restaurante de Nueva York, el *Pavillon*, y terminó dos días más tarde en que emergimos, serenos y saciados, de su apartamento de Manhattan. Durante esas cuarenta y ocho horas, ese hombre maravilloso me transmitió su propio éxtasis y delicias en todo lo que tiene que ver con el sexo oral. Y lo hizo utilizando primero técnicas orales y de manipulación verdaderamente superlativas durante largos períodos de tiempo, para mantenerme en un estado de excitación permanente en el que me era casi imposible no responderle, y segundo, dando por sentado que yo sentía tanto entusiamo como él por todos los aspectos del sexo. Finalmente, resultó que tenía razón. De pronto, en esa atmósfera libre, todos aquellos músculos míos que habían estado resistiendo secretamente, se soltaron, deseosos y hambrientos. Mi boca y mi lengua tenían hambre de su sabor y textura. De modo que probé. ¡Mmm! Era mejor que el caviar y el champaña, que —por otra parte, ahora que lo pienso— no me gustaron la primera vez que los probé. Es evidente que a mis papilas gustativas les lleva un tiempo acostumbrarse a las cosas buenas de la vida.

Es posible que a usted nunca llegue a gustarle el sexo oral, pero hay dos razones excelentes para que se transforme por lo menos en una frecuentadora adecuada:

1. Es muy probable que la experimentación relaje las inhibiciones y aumente el mutuo sentimiento de intimidad entre usted y su pareja.

2.   Su hombre la amará por eso.
He aquí algunas técnicas orales básicas:

P/B: *Técnica Pene/Boca*

Haga que el hombre se tienda de espaldas. Arrodíllese a su derecha o a su izquierda, de modo que sus rodillas queden en un ángulo correcto con respecto a sus caderas. Inclínese, coja el pene y póngalo suavemente en la palma de su mano. Deje correr la lengua alrededor de la cabeza, de modo que quede toda mojada y luego humedézcase los labios con la lengua. Ahora estire la boca hasta que los labios cubran el borde de ambas filas de dientes. Hay dos razones para esto. Una, debe evitar rozar o cortar inadvertidamente la tierna piel del pene; y dos, los dientes cubiertos forman un borde firme y suave que es muy útil para provocar sensaciones en este órgano altamente receptivo.

Una vez formado este borde, coja el pene e introdúzcaselo en la boca. Mueva lentamente la boca hacia la base del pene y luego otra vez hacia el glande. Si no tiene lubricación suficiente para deslizar con facilidad el pene, vuelva a mojarlo varias veces con la lengua. Por medio de la experimentación, descubrirá qué velocidad de manipulación prefiere su hombre. Puede gustarle que mantenga un masaje lento, o preferir uno más fuerte y rápido, o tal vez una combinación de ambos.

Una vez que domine el P/B, agregue el Aleteo de la Mariposa y el Remolino Sedoso a estas técnicas básicas.

El Aleteo de la Mariposa

Una de las cosas más excitantes que se le puede hacer a un hombre es el Aleteo de la Mariposa. En la cara posterior del pene, a unos cinco centímetros del glande, hay un borde llamado corona. Justo por debajo de la corona hay una delicada membrana vertical. Ésta es la zona más sensible del cuerpo del hombre. Para llevarlo directamente al éxtasis, saque la lengua y lama *ligeramente* hacia atrás y hacia adelante de esta membrana como si estuviera rasgueando un banjo. Deje correr la lengua hacia la base del pene, vuelva a subir unas cuantas veces y luego retorne al Aleteo de la Mariposa, sólo que esta vez lamiendo todo el recorrido de arriba abajo de ese sector del pene. Continúe hasta que el hombre suplique misericordia.

El Remolino Sedoso

Es verdaderamente sensual. En el Remolino Sedoso, usted circunda continuamente el pene con la lengua en el sentido de las agujas del reloj o al revés, mientras desliza el pene dentro y fuera de la boca. Al principio, puede que le resulte algo difícil coordinar ambas acciones, pero practique, porque el efecto que el Remolino Sedoso produce en los hombres bien vale la pena el esfuerzo.

La Aspiradora

Algunos hombres son muy afectos a la Aspiradora, en especial si todavía no han alcanzado una erección completa. Aquí, se utiliza la boca como una pequeña aspiradora, sorbiendo el pene e introduciéndolo en la boca hasta más o menos la mitad; después, y ejerciendo todavía presión, comienza a sacárselo lentamente de la boca. Esta doble acción de presión puede resultar muy excitante.

Mordisco

En ocasiones se encuentra un hombre al que le agrada que usted mordisquee o masque su pene, pero sea usted extremadamente cuidadosa al experimentar con esto, porque un movimiento brusco puede inutilizarlo durante varias semanas. Además, una manipulación poco delicada en este caso, puede inspirarle sentimientos negativos hacia usted como futura compañera de cama. Claro que si usted está cansada de él, es una manera excelente de desanimarlo.

El contoneo de nata batida

Si le gustan los dulces, esto es para usted. Coja un poco de nata batida, a la cual le habrá agregado una pizca de vainilla y un par de cucharaditas de azúcar, y esparza la mezcla de manera regular sobre el pene, de modo que toda la zona quede cubierta con medio centímetro de nata. Como toque final, espolvoree encima un poco de coco rallado y/o chocolate. Luego, lámalo todo con su lengua. Él se estremecerá de placer y usted disfrutará de un postre extra. Si tiene problemas de peso, use algunas de esas natas dietéticas que se encuentran en el mercado (en cajas, envases de plástico o de aerosol), y renuncie al coco y al chocolate.

Posiciones

Hay una interminable cantidad de posiciones adecuadas para entregarse al sexo oral. Si puede conseguirlo, lea *Oralgenitalism-An Encyclopaedic Outline of Oral Technique in Genital Excitation*, por Roger-Maxe de la Glannege (Gershon Legman). Legman dice que hay hasta 14.288.400 posiciones para el cunilinguo. Esto debería mantener ocupada a una pareja media.

La posición más famosa es el Sesenta y nueve, en que usted se coloca encima del hombre en una posición cara a cara, pero enfrentando direcciones opuestas (¿me sigue?), de modo que mientras usted acaricia sus genitales, él pueda acariciar los suyos. No es necesario que usted esté siempre arriba. También es interesante estar abajo.

Pueden yacer lado a lado; él puede tenderse mientras usted se coloca entre sus rodillas; usted puede sentarse en el suelo mientras él se echa hacia atrás de modo que sus genitales queden al borde de una cama, mesa o silla; él puede permanecer de pie mientras usted lo mordisquea desde abajo (difícil para usted si lo está haciendo en una piscina, pero no imposible). Todas estas posiciones son efectivas. Pruébelas e invente otras nuevas.

Tenga en cuenta (y también su lengua), que un hombre es mucho más que su pene. Mientras está trabajando en esta zona, baje con su lengua hasta las pelotas (testículos). Lama suavemente toda la superficie y luego pruebe algo que una cantidad de hombres considera muy excitante. Coja un testículo y deslícelo dentro de su boca. Pero sea muy, muy gentil. Si es usted brusca, puede causarle un dolor terrible. Piense en su testículo como si fuera un huevo, y sea extremadamente cuidadosa para no romper esa cáscara.

Ahora bien, justo por detrás de los testículos y frente al ano hay una pequeña zona sensible que es también receptiva a la lengua. Asegúrese de no olvidarla. Aquí es muy apropiado el Aleteo de la Mariposa.

Otros lugares en los que los hombres gustan de ser lamidos son la parte interior de los muslos, el ombligo, las tetillas, la nuca, las orejas y en fin, en realidad, *todo el cuerpo*.

Mordisqueo y pellizco

A los hombres también les gusta que se les mordisquee (una mordedura suave y afectuosa), en lugares tales como los lóbulos de las orejas, los labios, el pecho, las nalgas y los dedos de los pies. Los mordiscos más agresivos son menos populares, pero tienen sus aficionados. Si a él le gusta que lo mordisqueen, pruebe uno o dos pellizcos más fuertes y vea si reacciona en forma favorable.

Toda esta estimulación del hombre lo pondrá cerca del orgasmo, y éste es un complemento del arte de la sensualidad que usted está aprendiendo a practicar. Aprenda a llevarlo a ese punto de clímax y luego a tranquilizarlo varias veces. Entonces, cuando finalmente se corra, lo hará con un orgasmo más intenso.

Una vez que su hombre alcance el clímax final, puede decidir correrse en su boca. ¿He vuelto a escandalizarla? Sí, éste es otro acto sexual totalmente normal. Por lo general, los hombres parecen disfrutar más de esto que las mujeres. De las mujeres que he estudiado (todas bastante desinhibidas, de acuerdo con sus compañeros), alrededor de un tercio lo disfrutaba y los dos tercios restantes, no. Aparentemente, cuando se llega a este punto muchas mujeres sensuales abandonan el barco, o tienen deseos de hacerlo. Oh, no, ¡ usted no! ¡No hay escapatoria para usted! Apuesto a que jamás lo ha probado siquiera. No diga: «Esto no es para mí.» Todavía no lo sabe. Haga un esfuerzo de larga duración para sentir el placer de esta aventura altamente sensual.

Este orgasmo le da la oportunidad de *sentir* y compartir realmente la explosión del clímax de su hombre (no tiene usted sensibilidad para ello en la vagina), y ésta puede ser una experiencia estremecedora para una mujer. Si quiere una ventaja adicional, recuerde que es imposible que de esa forma quede usted embarazada.

Éste no es el momento adecuado para sentarse sobre las manos

¡Oh, esas adorables manos suyas cómo pueden excitar! Por desgracia, muchas mujeres son haraganas y poco imaginativas en el uso de sus manos como instrumento sexual. Usted no está dispuesta a arruinar su manicura nueva o a forzar algunos músculos para hacerle saber directamente que él es tan atractivo que no puede quitarle las manos de encima.

Jamás, jamás permita que sus manos queden ociosas durante el acto amoroso. Siempre hay alguna zona de su cuerpo a su alcance, que puede usted hacer que arda con su contacto. Cuando usted está tendida de espaldas y él encima, puede deslizar los dedos arriba y abajo por su espalda, sus nalgas, encima del ano, por los flancos hacia la nuca y luego a lo largo de los hombros y por el centro de su columna vertebral, sin dejar por eso de realizar el coito. Si está usted encima de él, puede acariciar su pecho y sus brazos. Si está en posición de sesenta y nueve, puede acariciar sus nalgas y piernas.

En los ejercicios de sensualidad números 1, 2 y 3, se tomó usted mucho trabajo para acrecentar su sentido del tacto. Utilice ahora su conocimiento para excitar, suavizar y conocerlo más íntimamente.

Manipulando con arte sus genitales, puede usted volverlo loco.

Dándole un buen masaje, puede ayudarlo a relajarse.

Explorar cada rincón de su cuerpo con manos amantes, aumentará su sensación de intimidad. Memorice todas las variaciones de textura de la piel, desde la aspereza de sus piernas al tacto milagrosamente aterciopelado del glande. Aprenda a conocer ese gracioso bulto que hay en su paletilla izquierda, deje deslizar sus dedos a través del vello de su pecho, sienta cómo se expanden y contraen los músculos de sus brazos y la fuerza de sus pies, y la delicadeza de sus pestañas. Hay mucho que descubrir en él. Después de un tiempo, usted debería ser capaz de distinguir a su hombre con los ojos vendados, usando su memoria táctil.

Si ha estado usted sentada sobre sus manos, ponga en movimiento su lindo trasero y empiece a hacerlas trabajar. Sus manos son un importante instrumento amoroso, y usadas artísticamente son un distintivo sexual único.

Sexo anal

Ya sé que parece que me dedico a hablarle de actos sexuales escandalosos. Bueno, alégrese. Éste es optativo. Nadie va a acusarla de pacata y no será usted menos mujer porque diga no al sexo anal después de probarlo. Hay algunas buenas razones para *no* hacerlo.

También hay una serie de buenas razones para *hacerlo*.

La primera vez que oí hablar de sexo anal, me pareció mal, sucio y perverso. La idea de que personas agradables podían mezclarse en la práctica de la actividad anal, jamás se me había ocurrido, pero si se me hubiera ocurrido estoy segura de que me hubiera imaginado una escena en que un Dios airado castigaba a los perversos trayéndoles la lepra o, por lo menos, hemorroides.

Pero la gente agradable copula analmente todos los días de la semana y nada horrible y ni siquiera desagradable les sucede.

En una relación prolongada con un hombre, se discute casi invariablemente la idea de probar las caricias, manipulaciones y coito anal. La búsqueda masculina de nuevas experiencias sexuales, hace que por lo general sea él quien inicia los avances anales.

Primero, es posible que desee estudiarla analmente con su boca y su lengua y que espere reciprocidad. Ahora bien, no se petrifique. Si se ha lavado la zona, *no* está sucia, y si puede usted dejar de quejarse o de jugar a la Virgen Ofendida por un momento, observará el comienzo de una sensación curiosa, cálida y demandante, y comenzará secretamente a desear que siga adelante con el próximo paso, que es la entrada de un dedo bien lubricado en un movimiento de entrada y salida o tal vez un movimiento circular. Una vez más, se trata de un acto recíproco.

Para el coito anal (ahora no va a retroceder, ¿no es cierto?), la posición más confortable es que se eche usted sobre su estómago con las caderas elevadas por una o dos almohadas. Su compañero aplicará una generosa cantidad de jalea quirúrgica o vaselina a su pene y a su ano, y luego, con *lentitud* y *suavidad*, la penetrará totalmente. Si él no la trata como la frágil criatura que realmente es en esta zona, no hable... grite. Sin embargo, la mayoría de los hombres son muy sensibles a la posibilidad de causarle incomodidad, si son demasiado bruscos en sus movimientos, y son, por lo tanto, extremadamente cuidadosos.

Después de haberla penetrado por completo, el hombre comenzará lentamente un movimiento de entrada y salida, tratando su ano como si fuera su vagina. Una vez que haya relajado el músculo de su esfínter, se descubrirá usted disfrutando de unas sensaciones bastante notables, y si anima a su compañero a que juege con su clítoris mientras le está haciendo el amor de esta manera, puede llegar a tener un orgasmo bastante importante.

Él puede elegir ese momento para llegar a su clímax, o bien retirarse y terminar por vía vaginal. De cualquiera de las dos maneras, es muy agradable.

Las desventajas del intercambio anal son:

1. Su actitud mental. Si la han educado para pensar que éste es un acto sucio y degenerado, le será difícil al principio gozar totalmente de las delicias del sexo anal.

2. A menos que ambos estén exageradamente limpios, puede llegar a ser muy desagradable. Si usted sospecha que el contacto más reciente de su compañero de cama con el agua y el jabón, sucedió en los lejanos tiempos de su graduación, siempre puede sugerir tomar un atractivo baño de espuma o una ducha juntos antes de hacer el amor. Cuando él comprenda que esta operación limpieza incluye algunas caricias en sus partes pudendas, no creo que tenga problemas para conducirlo bajo el agua con regularidad.

3. Si después de retirarse de su ano, él no se lava el pene antes de entrar en su vagina, puede producirle vaginitis.

4. Algunas mujeres que no llegan a relajar por completo los músculos tensos, encuentran que la zona anal está sensible y hasta

dolorida después del acto. Una mayor experiencia y entusiasmo deben solucionar este problema.

Las ventajas del intercambio anal son:

1. Agrega variedad al acto del amor.

2. Es imposible que quede embarazada, de modo que si ha olvidado tomar sus píldoras o la sorprenden sin su diafragma, no queda limitada al sexo oral.

3. Si usted tiene una menstruación especialmente abundante y siente que el intercambio vaginal sería demasiado incómodo, ésa es una alternativa sexual efectiva.

4. Esto es lo verdaderamente importante: el sexo anal le abre toda una nueva zona de sensaciones placenteras que usted disfrutará y aprenderá a usar para aumentar su satisfacción sexual.

Ahora bien, ¿qué tiene de malo todo esto?

Usted cree que eso que lo excita es anormal

Si él quiere recurrir a látigos y cadenas o hacer que usted se le orine encima o algo de ese tipo, estoy de acuerdo con usted: creo que es anormal... y debería dejarle solo y buscarse

133

una simpatizante, o mejor aún, conseguir ayuda profesional.

Si él insiste en practicar un acto sexual como la felacio, el cunilingus o el coito anal, con exclusión de todos los otros, también creo que es anormal. Y aburrido.

Pero si él trata de convencerla de que alguna vez haga el amor con sus medias y zapatos puestos, o le gusta lamer miel de su vagina cada varias semanas, o consigue un orgasmo más intenso si usted le murmura ciertas palabras, o prefiere hacer el amor con todas las luces encendidas o quiere probar todas las posiciones conocidas, no puede ser tachado de anormal o enfermo.

A menos que sienta usted una aversión profunda por su práctica sexual preferida, sea una buena deportista y hágasela placentera. Es muy probable que a cambio de ello él se preste generosamente a hacer lo que usted prefiere sexualmente.

Lo que esas prácticas sexuales tienen de sorprendente es que después de haber formado parte regular de su acto amoroso durante un tiempo, usted puede descubrirse respondiendo a ellas. La familiaridad no engendra necesariamente desprecio. A veces engendra placer y satisfacción mutuas.

Pero supongamos que después de practicar durante un tiempo su práctica sexual preferida, usted siente realmente que no puede soportarla. En ese caso, dígaselo con franqueza y sugiera nuevas y excitantes ideas sexuales que ambos puedan gozar igualmente, y pídale que piense en algunas prácticas alternativas que puedan experimentar juntos. Si usted está tratando honestamente de encontrar soluciones y no desengañar como mujer y como compañera de lecho, lo más probable es que encuentre rápidamente un feliz sustituto, y su vida sexual volverá a ser estupenda.

Es bastante frecuente que nos sintamos cansados o simplemente asustados ante nuevas prácticas sexuales. Pero no es correcto permitir que esas vacilaciones nos priven de la diversión de la variedad sexual, y tampoco es correcto que privemos a nuestros compañeros de travesuras sexuales inofensivas que les dan placer.

De modo que antes de llamar «anormal» a su amante, considere la posibilidad de que él pueda llamarla «mezquina y pacata».

12

AFRODISIACOS

Cometí el error de leer un trabajo sobre los llamados afrodisiacos y pociones amorosas, después de un almuerzo abundante. Las pociones que los crédulos han tragado en su intento de aumentar su capacidad sexual, revolverían el estómago más asentado. Por ejemplo, ¿qué tal le sabría a sus entrañas una mezcla de caimanes y lagartos? ¿O tal vez preferiría una cocción de abejas muertas colocadas en una botella con algo de líquido, sellada, dejada en maceración durante un par de meses, para luego agitarla bien y tragarla? ¿O tal vez se dejaría tentar por un polvo de cerebro de perdiz? Si yo tuviera que beber esas mezclas, terminaría deslizándome en mi lecho de enferma, en lugar de en el lecho del amor. La mayor parte del mundo debe estar de acuerdo conmigo, porque esas viejas mezclas han caído en desuso.

No todos los afrodisiacos que hombres y mujeres tomaron a lo largo de los siglos eran tan desagradables. Había algunos, como cremas y aceites especiales, que no había que comer sino que frotar sobre el órgano apropiado. No aumentaban los jugos sexuales, pero le daban buen aspecto a la piel.

Hay otros afrodisiacos absolutamente deliciosos, tales como las ostras, las alcachofas, el caviar, la miel, el chocolate, los huevos, aguacates, los espárragos, la carne cruda (o poco cocida), las setas, trufas y langostas.

Comidas deliciosas, sí. Afrodisiacos, no. Lamento decir que todas esas leyendas sobre las propiedades mágicas de diversos alimentos, no son más que charlatanería. Y ya que he comenzado a desilusionarla, puedo agregar también algunas cosas a la lista de anafrodisiacos: raíces, hierbas y vitaminas.

Hay una sorprendente cantidad de gente que realmente cree que el ginseng (instantáneo o normal), la damiana, el mirto y la bardana, los harán más «sexy». Me temo que de ser así, es una respuesta puramente psicológica, porque ninguna de esas raíces y hierbas pueden estimular físicamente.

Ahora hablemos de las vitaminas y el sexo.

La gran controversia de las vitaminas prosigue. Si bien es verdad que se ha experimentado con ganado, llegando a demostrar que la vitamina E ayuda a los toros a ser mejores sementales, no hay prueba de que el toro disfrute más, y definitivamente no se ha hecho ninguna investigación sobre la posibilidad de que la vitamina E ayude a la gente a aumentar el estímulo sexual. Adelante, si lo desea, y trague 100 Unidades Internacionales al día. No le hará daño, y si consigue algo, hágamelo saber. Multitud de personas comenzaron a tomar vitamina E hace un par de años, cuando apareció un artículo donde se la señalaba como estimulante sexual. De la gente que conocí personalmente (entre las que me incluyo), ninguna informó de un aumento de la capacidad sexual.

Consulté a un dietólogo y a varios médicos sobre el rumor de que el ácido para-aminobenzoico (llamado PABA por razones obvias) es un afrodisiaco. Todos los médicos desestimaron el rumor, aunque admitieron no haber probado esa vitamina B poco conocida. El dietólogo no quiso decir si había utilizado el PABA como afrodisiaco, pero sí declaró que aunque el PABA no funcionaba en las mujeres había una *posibilidad* de que, tomado en dosis correctas, pudiera tener algún efecto afrodisiaco sobre los hombres. Pero antes de que se interese demasiado, recuerde que no se han realizado pruebas de laboratorio o de campo que lo prueben y también que algunos dietólogos piensan que el PABA, tomado en grandes cantidades, puede provocar una deficiencia de otras vitaminas B.

Se supone que la vitamina C acrecienta la

estamina sexual de los conejos, pero una vez más no hay evidencia de que sea algo más que un signo de buena salud en los seres humanos.

Soy desalentadora, ¿no es cierto?

Aquí hay algo más. Las granadas, el ámbar gris, las semillas de amapola y la nuez moscada no la excitarán sexualmente, y creo que a estas alturas *todo el mundo* sabe que la llamada «mosca española» *no* es un afrodisiaco, sino una droga terrible que puede provocar torturantes sensaciones en una mujer e incluso llegar a matarla.

En este mundo hay un solo afrodisiaco, y es el amor.

No hay laboratorio que sea capaz de imitar el efecto que tiene sobre su cuerpo la mirada de él, su voz y sus caricias.

De modo que olvídese de la ciencia o la brujería que van a ofrecerle esa mezcla maravillosa que la pondrá al rojo vivo, y concéntrese en enseñar a su cuerpo a responder naturalmente. Una vez que se ha adiestrado para ser Mujer Sensual, no necesitará estimulantes artificiales.

Sin embargo, de los interminables experimentos con afrodisiacos, hemos aprendido algunas cosas que habría que tener en cuenta. Por ejemplo, el alcohol, bebido en pequeñas cantidades, puede ser un efectivo agente relajante para un hombre que está todavía tenso y repasando en su mente las circunstancias de un duro día de trabajo. Y la mujer astuta sabe cómo alimentar a un hombre con una cena alta en proteínas y baja en hidratos de carbono, si esa noche desea un buen desempeño sexual de su pareja. Si lo atiborra a las siete de la tarde con macarrones, pan, patatas, salsas espesas y pastel, lo más probable es que a las nueve él esté roncando frente al televisor, y a las diez muerto de un infarto. Muchos de los alimentos llamados afrodisiacos, como las ostras, los espárragos, las setas y la langosta, son alimentos energizantes y de bajo contenido calórico. Si se los echa por el gaznate, después de la cena él no se transformará en demonio sexual, pero después de comer unas ostras tendrá todavía apetito y espacio para usted.

Otro inductor efectivo para el hombre cansado es el sueño. Cuando él llega del trabajo, haga que tome un baño caliente, dele un masaje y luego déjele dormir media hora. Cuando se despierte, estará preparado para tratarla con toda eficacia.

Pero la mejor manera de mantener su vida sexual a nivel de afrodisiaco, es encontrar a un hombre al que valga la pena amar, que sienta lo mismo con respecto a usted, y luego vigilar y trabajar mucho para profundizar el amor que sienten el uno por el otro.

De modo que transfórmese en una Mujer Sensual y jamás se encontrará en la situación de tragar desesperadamente una dosis de lagartos triturados o de abejas descompuestas, para que la ayuden a sentirse estimulada. Él podrá hacerlo con sólo tocarla.

13

SEXO: DÓNDE HACERLO

Muchos de los hombres que hacen «escapadas», las hacen para satisfacer el deseo de aventura. Para que esos hombres vuelvan a casa, debe usted estar segura de que su forma de hacer el amor incluye una variedad de técnicas (si me vuelvo fastidiosa, es porque es realmente importante), y usted *debe* introducir de vez en cuando una nota de osadía en su relación sexual.

¿Qué quiero decir por osadía? Lugares extravagantes o por lo menos distintos... como la alfombra de la sala, encima o debajo de la mesa del comedor (no, no me he vuelto completamente chalada), en la bañera, en una playa desierta, en los bosques. Hay cientos de lugares poco habituales.

Si usted piensa que hay un solo lugar para hacer el amor, la cama, entonces es tiempo de ensanchar sus horizontes. No estoy sugiriendo que abandone la comodidad del dormitorio regularmente. Sólo que cambie, a intervalos inesperados, el lugar donde hace el amor. Los lugares insólitos excitan a la mayoría de los hombres y tiene usted todas las de ganar y nada que perder si es lo bastante imaginativa para evitar que su relación sexual sea rozada por el aburrimiento.

Yo sigo mi propio consejo. He hecho el amor en una silla Eames (más o menos), en una avioneta de cuatro asientos (un sentimiento de ingravidez que produce algo de vértigo), sobre una mesa de café de mármol (atractivo), a la luz de la luna en el «green» del duodécimo agujero de un campo de golf (muy romántico, y esa hierba especial para «greens» producía una sensación maravillosa en mi piel desnuda); debajo de una cama (jamás volveré a intentarlo), en el escenario vacío de un teatro (me estimuló para lograr un alto nivel de desempeño), en una piscina (está bien, pero no es tan excepcional, y según me dicen se trata de un lugar demasiado frecuentado en la actualidad), y en otros lugares que en este momento no recuerdo.

¿Perdí su respeto por ser tan osada? De ninguna manera. Me trata como si yo fuera una joya rara y preciosa y anda por ahí orgulloso del hecho de que conmigo es el amante más imaginativo del mundo.

Ahora bien, yo no soy ni exhibicionista ni contorsionista, y me gustan las camas grandes y suaves para el amor. Pero al hombre que amo le gusta de vez en cuando lo inesperado y desconocido, y maldita sea yo si —por falta de energía e imaginación— lo incito a encontrar esa nueva experiencia con alguna pollita atractiva de la oficina. Es un hombre fantástico, y digno de que por él se hagan disparates de vez en cuando.

¿Recuerda a Grace, esa estupenda esposa de que hablé en el capítulo 1, cuyo marido gustaba de aventuras? Volvió a conseguir su completa atención una lluviosa tarde de domingo en que lo incitó a hacerle el amor encima de su mesa de billar (afortunadamente, era un modelo resistente). Eso salió tan bien que unas noches después lo hizo ir desnudo al patio trasero, donde la posibilidad de que los descubrieran transformó a Bill en un amante fogoso. Grace varía sus sorpresas. A veces usa vestidos provocativos; otras elige un lugar o un momento insólitos para insinuársele. Por ejemplo, el mes pasado, Grace preparó un delicioso almuerzo tipo pic-nic y lo llevó a la oficina de Bill. Cerraron la puerta, bajaron las cortinas y entre mordiscos de caviar y quesos picantes, se mordieron el uno al otro.

A Bill lo extasía la nueva Grace y ella me confesó que una vez que se hubo adaptado al espíritu de las cosas, comenzó a excitarse increíblemente. Su mayor sorpresa fue psicológica. Comprendió que no se sentía ni un poco rebajada yaciendo sobre esa mesa de billar, sino tan bien como jugando al béisbol con los niños. Grace siempre había creído que las mujeres eróticas no eran muy «decentes». Ahora sabe que al insistir en ese viejo cliché del pensamiento femenino, sólo se engañaba a sí misma.

Una vez más déjenme aclarar que Grace no inventa continuamente estas diversiones sexuales. Sólo lo hace cuando siente que Bill necesita un estímulo o en el caso de que a ella se le ocurra algo extravagante con lo que desea experimentar. Es innecesario decir que cuando Bill sugiere un lugar insólito para hacer el amor, Grace no pone cara de mártir y coopera con celo.

Hay más hombres de los que usted cree que disfrutan con esa ligera sensación de peligro. La amenaza de ser descubiertos les acelera la sangre. Un *playboy* muy conocido me confesó que la experiencia sexual más excitante que había tenido en su vida, la tuvo cuando le hizo el amor a la mujer de un banquero mientras éste dormía en la cama gemela que había junto a la suya.

Los hombres eligen lugares sorprendentes para sus aventuras sexuales. Algunos de los caballeros más dignos de confianza que entrevisté, confesaron haber hecho el amor en... ¿está preparada?, en la Tumba del Soldado desconocido, en la Filarmónica de Nueva York la semana de apertura, en la cúpula del Capitolio, en un vuelo **BOAC** Londres-Nueva York (en primera clase, por supuesto) y en el ascensor particular del presidente de una importante red de televisión.

Otros hombres menos dignos de crédito *dijeron* que habían hecho el amor en el Museo Huntington Hartford, en el lavabo de damas del Harvard Club, en la galería del coro de una iglesia (escuché diversas variantes de esto mismo), bajo las gradas de un rodeo, en un globo (realmente, el tipo conocía al poseedor de un globo, de modo que tal vez dijera la verdad), en el quiosco de música de un parque en un día lluvioso y en el escaparate de una gran tienda (estaban las cortinas bajas) durante la noche, mientras decoraban la vidriera.

La historia más insólita que he escuchado proviene de una fuente imposible de citar. Parece que durante la Segunda Guerra Mundial, el capitán Roberto......, de 27 años, era piloto de combate en el Grupo de Vuelo 57 con asiento en el aeropuerto de Grosetto, en el valle del Po (Italia). Un día llevó consigo en su pequeño aeroplano a una atractiva enfermera y allá se fueron, a más de 2000 metros de altura, mientras los alemanes les disparaban con batería antiaérea de 40 y 88 milímetros. ¿Y qué hacían mientras tanto el capitán Roberto y la enfermera? Exacto. Hacían el amor. Yo jamás podría ser tan valiente... o loca. A mí me da miedo subirme a una noria.

¡Cómo me sentiría en un aeroplano que seguramente atraerá a un grupo de alemanes amantes de apretar el gatillo!

Pero el animal macho parece complacerse con estas locuras.

La aventura sexual que más me ha atraído, y que admito no haber probado todavía, se encuentra en el libro de Ruth Dickson *Married Men Make the Best lovers*. La señorita Dickson sugiere hacer el amor ¡en una bañera llena de *Jello*! ¿Cuántas cajas se necesitarán? ¿Cuáles serían el color y el sabor más atractivos? Si el *Jello* se endureciera, ¿se podría saltar? ¿Hasta dónde? ¿Y qué sucede con las cañerías cuando se quiere hacer desaparecer el *Jello*?

Si usted se preocupa por mirar alrededor y permite que su imaginación trabaje, encontrará una cantidad de lugares diferentes, y hasta *románticos* donde hacer el amor. ¿Qué tal ese prado de tréboles cerca de su refugio de montaña? ¿O la balsa del lago, bien tarde en una noche de verano, cuando no hay nadie a la vista? ¿Y la habitación de huéspedes? ¿El sillón de cuero en el estudio de él? ¿O la sala de juegos? ¿O un velero? ¿Frente a un buen fuego?

Hay muchos lugares que tienen un aire de misterio y que usted puede probar. Y tienen un aire de misterio, porque le son desconocidos como lugares para el amor.

Pruebe dos o tres. Creo que se sorprenderá ante el brillo especial que se agregará al acto amoroso cuando rompa con la rutina.

Recuerde esas tres armas importantes que debe aprender a manejar con eficacia si desea guardar para sí al hombre que ama.

1. Imaginación.

2. Sensibilidad para sus humores y deseos.

3. Valor para experimentar con nuevas técnicas sexuales y situaciones y lugares sugerentes.

Si usted desea un hombre amante y excitante, no puede permitirse ir por la casa en actitud de «yo soy perfecta tal cual soy, y no necesito hacer esfuerzos para agradarle». Si él es un hombre de primera clase, otra mujer va a robárselo, y ambas conocemos los desastrosos resultados de eso: no se puede ser Mujer Sensual sin un hombre.

14

DE QUÉ HABLAR EN LA CAMA
Y CUÁNDO REÍR

En su charla en el lecho, las mujeres son más románticas que los hombres. Si hay un momento en que el hombre está poco inclinado a murmurar tonterías en el oído de su amante, ese momento es sin duda mientras le hace el amor.

Antes o después, es muy posible que recite sonetos y la abrume con floreos verbales. Nunca en el transcurso del acto amoroso.

Y sin embargo, es en ese momento cuando las mujeres más desean oír declaraciones detalladas y adornadas.

Definitivamente, cuando ambos sexos trepan a la cama, se produce una interrupción de la comunicación, y se espera que sea la mujer quien remedie esto.

¿Cómo? Aprendiendo el lenguaje del sexo. Hacer el amor es un acto físico, y también lo es el lenguaje que tan bien lo describe.

Follar, chupar, coño, polla, picha no son malas palabras si se utilizan dentro de su contexto. Garrapateadas en una pared son palabras sucias, pero utilizadas en el dormitorio por amantes para describir partes del cuerpo y actividades físicas, son muy apropiadas y sirven para realzar la actividad sexual. Murmurarle «Te amo» a un hombre medio no tiene ni siquiera de manera aproximada el mismo efecto excitante de «tu polla me pone tan cachonda que no puedo soportarlo».

Si hasta ahora se ha sentido incómoda cada vez que su hombre utiliza una de estas palabras mientras le hace el amor, comience a superar esa actitud remilgada. Él no es vulgar ni lo será usted por copiar su lenguaje en la cama. Después que haya usado algunas de esas palabras «prohibidas», comprenderá hasta qué punto son «correctas»... y atractivas.

Estas palabras no son lo único que usted debería murmurar en la cama. El ego masculino es muy frágil y antes, durante y después de hacer el amor son momentos ideales para reforzar ese ego con cumplidos. Si usted ha llegado con él hasta el dormitorio, sin duda debe poseer algunos atributos encomiables. Tal vez sea su pecho musculoso, o sus ojos magnéticos y sus nalgas atractivas. Procure desarrollar un sentimiento de maravilla por su estructura personal. ¿Adonis? No. ¿Cary Grant? No. Y sin embargo, hermosamente único en su originalidad. Verbalice sus descubrimientos.

Pero no mienta. Si él tiene un pene pequeño y usted le dice que es el más grande del
mundo, no va a creerla. En lugar de eso, men-
cione lo bien que sabe y se siente dentro (su-
poniendo que así sea). Usted habrá dicho la
verdad y lo habrá complacido enormemente.

Alabe su capacidad sexual. Hasta los grandes amantes necesitan que les confirmen sus
talentos, y su hombre no es inmune a ello. Probablemente, su admiración lo aguijoneará
para alcanzar alturas sexuales aún mayores,
¡ y eso no tiene nada de malo!

Lleve su sentido del humor a la cama. En
una entrevista reciente, Richard Burton dijo
algo con lo que estoy de acuerdo :

«Si no pueden reírse juntos en la cama, lo
más probable es que sean incompatibles. Prefiero que una chica se ría de todo corazón a
que procure excitarme con largas miradas se-
cretas, silenciosas y profundas. Si uno puede
reírse con una mujer, todo lo demás funciona bien.»

El dormitorio también es un buen lugar
para que ambos hablen sin inhibiciones sobre
preocupaciones y sueños. Esa especial atmósfera de intimidad y relajación que sigue al
acto amoroso, es la ideal para llevarlo a con-
fiarse a usted verbalmente.

15

FANTASÍAS MASCULINAS

¡Uff! ¡Lo que me costó que los hombres me hablaran de esto! Voluntariamente, y en algunos casos hasta con impaciencia, me han confiado sus íntimas experiencias sexuales, pero en el preciso instante en que yo pasaba al tema de las fantasías sexuales, se cerraban como almejas. Una buena proporción de ellos negó haber tenido nunca alguna, y aun aquellos que admitieron tenerlas de vez en cuando, cuando les pedí que me las relataran, padecían repentinamente de amnesia.

De modo que para un estudio completo de lo que los hombres imaginan para estimularse sexualmente cuando fantasean, se masturban o hacen el amor, tendrá que consultar a la literatura profesional. Las únicas fantasías masculinas que conseguí extraer de ocho voluntarios remisos, fueron las siguientes:

Fantasía número uno

¡Ésta no le va a gustar en absoluto! Mientras está haciéndole el amor a usted, él imagina que usted es Brigitte Bardot, Rita Hayworth joven, Audrey Hepburn, Ava Gardner, su vecina o cualquiera otra que lo excite visualmente.

Fantasía número dos

Una maravillosa mujer desconocida está encadenada a la pared. Él comienza a hacerle prácticas eróticas, mientras ella se revuelve indefensa. Lentamente, gracias a su técnica excepcional (después de todo, es su fantasía, y naturalmente en ella él es un amante notable), ella comienza a responderle y enloquece de pasión. Muy despacio, él la libera y ella se le echa encima y comienza a hacerle el amor

Fantasía número tres

Ésta es tan común como el perejil. Por lo menos dos mujeres, y a veces tres, cuatro, cinco o hasta seis, de todos los tamaños y formas, le hacen el amor al mismo tiempo al fantaseador. A veces, eso sucede en una orgía. Otras veces están solos.

Fantasía número cuatro

Él yace indefenso mientras esa encantadora visión de la sexualidad femenina se le **echa** encima a la fuerza y termina poseyéndolo **por** completo.

Fantasía número cinco

¿Recuerda esa famosa frase «Supongo que **se** preguntarán por qué los he reunido hoy aquí»? No todas las fantasías sexuales incluyen el acto sexual. Un hombre me dijo **que**

157

disfrutaba imaginando una hermosa fiesta en un salón elegante y a él, como anfitrión, gozando en silencio del hecho de haber hecho alguna vez el amor con cada una de las asistentes a la reunión. Naturalmente, se trata de una gran fiesta.

Fantasía número seis

El sujeto entra en un edificio con muchos cuartos. En cada uno hay una mujer enteramente original en lo referente a su apariencia física, edad y tendencias sexuales, y él va de cuarto en cuarto satisfaciendo a cada una de ellas de distinta manera.

Ya sé que dije que había conseguido que ocho hombres me hablaran y les he relatado sólo 6 fantasías, pero tres de ellos describieron la fantasía número tres. Los ocho hombres se dividieron en dos grupos cuando se planteó la cuestión de si les gustaría que su fantasía se hiciera realidad. Cinco se mostraron partidarios de una realización de sus sueños en la realidad; otros tres dijeron que eso lo estropearía todo, que el sentido de una fantasía es precisamente que *es* una fantasía.

Si puede obligar a su hombre a que confiese su secreta imaginería sexual, bravo. No sólo es extremadamente interesante, sino que también la ayudará saber qué le ronda en la cabeza desde el punto de vista sexual. Si es uno de esos hombres a quien le gustaría actuar su fantasía y a usted le parece que sería divertido hacerlo, piense en el gozo que podría llegar a proporcionarle. De la misma manera, si usted ha estado anhelando hacer real una fantasía suya, difícilmente podría él negarse a cooperar después que usted ha sido tan deliciosa con él.

16

SEXO FESTIVO: INTERCAMBIOS Y ORGÍAS, Y POR QUÉ A VECES RESULTA MEJOR LLEVARSE LAS PROPIAS UVAS

En los últimos años ha estado sucediendo algo gracioso en América del Norte. Los juegos de canasta, majong, póquer, bali, bridge y bingo tienen seria competencia en el juego más ostentoso del país: la orgía.

Parejas respetables acuden en la actualidad a fiestas donde se quitan toda la ropa y tienen relación sexual con tantos invitados como les permite su vigor... y todo delante de los otros.

Eso no es exactamente a lo que se referían los consejeros matrimoniales cuando sugerían que una pareja compartiera un *hobby* que los sacara de casa una vez por semana, pero los ardientes partidarios de la orgía juran que las fiestas sexuales son una de las claves de un matrimonio feliz.

Las orgías permiten que los compañeros sexuales, cansados y aburridos, se reactiven en circunstancias controladas (tanto los invitados como el lugar donde sucede todo, están protegidos) y abiertamente. Si su compañero está con usted, difícilmente puedan acusarla de traición.

En lugar de andar vagando por ahí y teniendo una aventura que por su compromiso emocional puede poner en peligro el matrimonio, los partidarios de la orgía dicen que el clima impersonal de la orgía impide que alguien que disfruta de un matrimonio básicamente feliz, se enamore de otro. La gente que asiste a esas fiestas sexuales está presente no por apetito romántico, sino porque su sexualidad necesita revitalización. Nuevos compañeros sexuales dan a esa gente las gratificaciones y emociones sexuales que anhelan. Maridos y esposas dicen también que las orgías tienen un efecto saludable sobre el sexo cotidiano, porque la excitación de una orgía se traslada al acto amoroso normal y dura varios días o incluso varias semanas.

Aunque los argumentos anteriores parecen implicar que sólo la gente casada se interesa por las orgías, muchos solteros asisten también a ese tipo de fiesta. Como la gente soltera tiene mayor oportunidad y libertad para elegir tantos compañeros sexuales como se le antoje y copular con ellos cualquier noche de la semana, es comprensible que en las orgías la cantidad de casados supere a la de solteros, pero la escena orgiástica está abierta para todos aquellos a quienes les interese. El estado civil no es importante en la mayoría de los grupos.

Habrán notado que no hablo excesivamente sobre lo maravillosas que me parecen las orgías y no las incito a unirse a la diversión. Eso porque pienso que el *swinging* puede provocar un problema psicológico importante para la mayoría de las mujeres. Si deja usted su cuerpo a merced de cualquiera que quiera cogerlo, corre el riesgo de no respetarse y valorarse lo suficiente, actitud que la pondrá en situación defensiva en sus relaciones con el sexo opuesto. Si hace mucho tiempo que usted está casada, puedo ver los beneficios de asistir a una orgía una o dos veces por año, pero en mi opinión hacer de esto parte integrante de la vida le quita algo a la relación con su marido.

Si ambos han estado esa semana con cinco o seis personas, el acto sexual difícilmente parecerá personal e importante. Antes de unirse a un grupo de *swinging*, piénselo cuidadosamente.

Por supuesto, si usted es soltera puede llevar una agitada vida sexual sin que un hombre conozca la existencia de los otros, y viceversa. Una incursión ocasional o incluso regular en el mundo de las orgías, puede ser su secreto.

Si está usted a punto de asistir a su primera orgía, le expondré varios puntos que algunos habituales me han señalado, y que harán más confortable su experiencia inicial:

1. Llévese sus propias uvas, lo que en este caso quiere decir un hombre que usted conozca bien y con quien tenga una buena relación sexual. Ya debe estar familiarizado con la escena orgiástica, de modo que pueda protegerla con todo tacto de aquellos hombres cuyos avances sería preferible rechazar. Su escolta sirve a un segundo propósito, y es que si no le agrada ninguno de los hombres a quienes conoce, tiene ya un compañero sexual.

2. No use un vestido que se arrugue con facilidad, porque con frecuencia no hay suficientes perchas o colgadores para la ropa y es muy probable que sus prendas queden sobre una silla junto con las de otros.

3. Si tiene la menstruación, quédese en casa.

4. Vaya preparada para enfrentarse al hecho de que probablemente tendrá que pasearse desnuda.

5. Y comprenda también que no podrá aislarse. Cualquiera de los asistentes a la fiesta puede irrumpir en el lugar donde esté e incluso decidir unirse a usted y su compañero.

6. A veces, en las orgías hay lesbianas que pueden hacerle insinuaciones. Si lo sabe de antemano, podrá manejar graciosamente la situación cuando surja.

7. Tenga en cuenta que al comienzo estará

nerviosa. Podría ser prudente que solicitara a su escolta que fuera su primer amante de la noche. Ya que le resulta familiar, no estará asustada. Una vez que haya roto el hielo con él, se sentirá más relajada con sus amantes desconocidos.

8. A menos que viva usted en Hollywood, no espere que los hombres sean del tipo de encantadoras estrellas de cine. La mayor parte de los machos son tipos medios tanto en apariencia como en personalidad.

9. No espere ser tratada como una princesa o una puta sólo porque está entregando su cuerpo. En las orgías, la igualdad de los sexos es una realidad.

10. Si es usted lo bastante tonta como para quedar embarazada a consecuencia de su pecadillo, nadie la ayudará, ni financieramente ni de ninguna otra manera. En especial cuando cualquiera de los hombres puede ser el padre. Tome precauciones contraconceptivas adecuadas.

11. Oh, un último punto. Si resulta que *adora* las orgías, no deje que el sentimiento de culpa se las arruine. Como adulta, tiene todo derecho y responsabilidad de encontrar una vida sexual satisfactoria. Si la escena orgiástica resulta ser lo suyo, relájese y disfrútela. Limítese a no procurar explicárselo a su anciana madre, que vive en Duluth. Déjela descansar en su mecedora.

17

DÓNDE ENCONTRAR HOMBRES

Hay algunas mujeres que podrían arrojar un pañuelo en medio de una selva desierta, y de pronto habría allí tres hombres dispuestos a recogerlo.

Yo jamás he sido imán de machos y siempre he tenido que ir donde están los hombres para que me alcen el pañuelo.

Pero, por supuesto, el viaje vale la pena.

A menos que usted viva en el Polo Norte o en medio del Sahara, es bastante fácil encontrar cientos de especímenes del sexo opuesto... ya sea en la calle o en un partido de fútbol. Se tropezará con tantos hombres como para durarle toda la vida a Catalina la Grande (y a usted).

Pero examinemos el asunto desde el punto de vista práctico. No es suficiente con ir a una zona donde abunden hombres. También debe poder esquivar rápidamente a los indeseables y conseguir la compañía de hombres que puedan interesarle.

Es fácil detectar al porcentaje de indeseables: niños por debajo de los diez años, homosexuales evidentes (los latentes son más difíciles) y los ancianos son buenos ejemplos de total pérdida de tiempo.

Los casi indeseables podrían llevar un subtítulo que dijera *Manténgase apartada a menos que sea capaz de soportar bastante dolor*, porque traen con ellos muchos problemas. Esta categoría incluye a los alcohólicos, los criminales, los locos, los jugadores obsesivos, los sádicos, los masoquistas, los traficantes de drogas, los drogadictos, los chulos, los Don Juanes, los fanáticos religiosos y los que se niegan a trabajar.

A éstos los desechamos, ¿no es cierto?

El grupo siguiente está representado por aquellos hombres que no podrían gustarle en ninguna circunstancia. Pueden ser el amor de otras, pero no el suyo. Tal vez pesen ciento veinticinco quilos, huelan mal, y escupan en el suelo o traten de toquetearla a la menor ocasión y se rasquen en público los genitales; sean aceitosos, malos o insoportablemente groseros, estúpidos, sucios o maliciosos, y usted sepa al instante que no puede soportarlos y no hay posibilidad de que cambie de idea.

Una vez desechado ese grupo encantador, está lista para concentrarse en *Los Posibles* y *Los Probables*.

Ser capaz de calibrar rápidamente el po-

tencial de un Posible requiere experiencia...
una gran cantidad de experiencia en citas con
distintos tipos de hombres, de modo que su
radar pueda captar las señales que le permitirán elegir rápidamente aquellos que no sean
su tipo.

Por ejemplo, si de sólo escuchar la palabra
«escalofrío» le castañetean los dientes (y ni
hablar de un cuarto con corrientes de aire),
y conoce un día de enero en una fiesta a un
hombre delicioso que declara que jamás usa
abrigo, deje que ese signo de advertencia se
registre, porque es muy probable que duerma en una habitación sin calefacción y con
las ventanas abiertas aunque haya diez grados
bajo cero. A la semana de vivir con él, tendría
neumonía... es decir, después de haberse recobrado de ese estúpido constipado de cabeza. Sea amable y páseselo a su amiga, que adora los deportes de invierno.

Una de las aventuras amorosas más bellas
de mi vida, se desintegró finalmente bajo la
presión de nuestros distintos relojes internos.
Yo soy un búho nocturno. Cuanto más tarde
es, mejor me siento. En el momento en que
el amanecer se insinúa por la ventana, me
transformo en un plomo. La mañana es una
agonía para mí. No puedo pensar, no puedo
moverme, no puedo hablar, me duele la cabeza y la vista o el olor de la comida me da
náuseas.

Por desgracia, él era al revés. Hacia las diez de la noche, comenzaba a desvanecerse, por muy brillante que estuviera yo. Pero llegadas las cinco o seis de la mañana, me mantenía despierta con una fluida conversación sobre la situación mundial, lo que íbamos a hacer aquel día, y ¿qué pensaba yo de esto y de aquello? Luego saltaba alegremente de la cama y me esperaba ansiosamente para que preparara ese desayuno de las seis de la mañana, que empezaba con el zumo de naranjas recién exprimidas, huevos hervidos durante cuatro minutos y medio y etc.

La única manera en que yo podía prepararle esos desayunos y hablarle por la mañana, era quedándome levantada toda la noche. Tres meses casi sin sueño, y me derrumbé. Él, todo preocupación y amante atención, insistió en que desde entonces se levantaría en silencio y se haría el desayuno. No resultó. No sabía cocinar y se sentía desgraciado y sólo por no poder compartir conmigo lo que para él era la mejor parte del día. Nos separamos.

Desde esa experiencia, he aprendido a no entregar mi corazón a una dínamo madrugadora, y apenas me lleva tiempo detectarlas.

Esto significa que a veces hay que renunciar a verdaderos premios. Hace cuatro años, y después de una sola cita, renuncié a un guapo, atractivo, brillante y saludable viudo con tres hijos. Durante la cena me dijo que todas las mañanas, en invierno, él y sus niños esquiaban una hora antes del desayuno. Y que en verano realizaban vigorosos paseos de dos millas, nadando, a la madrugada. Lo que él buscaba para casarse, era una mujer que compartiera con ellos la belleza de ese ritual. Aunque yo hubiese sido capaz de manejar el elemento tiempo, no hubiera soportado la prueba deportiva. Apenas me las arreglo para cruzar sin ahogarme el ancho de una piscina infantil. No vacilé. Yo no era la mujer adecuada para ese caballero.

Hay muchas posibilidades que puede aprender a descartar rápidamente, ahorrándole tiempo a ambos. Si usted sólo disfruta de Mozart y Beethoven y él es el líder de un grupo de rock, están condenados como amantes regulares. No me interesa si él tiene ojos hipnóticos y exuda sexo. Salve sus energías emocionales para alguien más prometedor.

Si es usted *gourmet* y él insiste en derramar media botella de *catsup* sobre todo lo que come, comenzará a odiarlo cada vez que lo vea al otro lado de la mesa. Envíeselo a su amiga, que lo guisa todo, incluidos los tomates, con *catsup*.

Hay algunos Posibles que son encantadores, tienen un trabajo interesante, dinero en el banco, les gustan los niños y la vida de casados, son guapos... en fin, tienen todo a su favor realmente, pero no importa cuánto le

171

gusten como *personas*, no la excitan. Mi opinión personal es que, después de intentarlo y comprobar que entre ustedes no se enciende nada, debe usted pasárselo a su hermana y/o hacerlo su amigo. Al revés de lo que está implicado en algunos manuales matrimoniales, no creo que puedan fabricarse esas reacciones químicas que hacen que valga la pena la vida entre los sexos. Eso no puede inventarse.

Después de eliminar con toda eficiencia aquellos Posibles que para usted son imposibles, quedará todavía un grupo considerable de Posibles además del grupo Tiffany de los *Probables.*

Recomiendo una aproximación doble a estos hombres restantes: al mismo tiempo general y sistemática.

La aproximación general consiste en asistir a toda fiesta, mitin político, acontecimiento comunitario, concierto o cualquier lugar que podría atraer también a una Posibilidad. Eso incluye servicio de jurado. Ya que cualquiera puede servir, *él* podría estar allí.

No desanime a sus amigos casamenteros. Aun cuando las últimas tres veces la hayan emparejado con hombres que harían huir a las solteras más desesperadas del distrito, el próximo puede ser el Príncipe.

Eso me sucedió a mí. Mis amigos Ted y Marge, decididos a casarme, habían arrastrado a casa para mi inspección a tres horrores.

El primero era un tenedor de libros que no bebía, no fumaba, no iba al cine, no leía y tenía la casa llena de pequeñas serpientes. Todavía siento náuseas cuando pienso en él. El número dos era un vendedor de coches usados que me decía «nenita» y me pellizcaba el trasero cada vez que suponía que nadie miraba, y el número tres era un escritor (bastante bueno, ya que estamos en eso) que no se había lavado los dientes en los últimos diez años.

El número cuatro, al que tuvieron que arrastrarme a ver, dando patadas y gritando todo el camino, parecía John Kennedy, tenía la sensibilidad de un poeta, la sensualidad de Richard Burton y además sentido del humor. Valía la pena el tiempo perdido con los horrores.

Nunca renuncie a la aproximación general, aun cuando la sistemática le esté saliendo bien, porque el destino es algo peculiar y tal vez le presente a su Probable en el lugar más inesperado.

La aproximación sistemática es la siguiente. Siéntese y decida exactamente qué tipo de hombre la atrae y es *mejor* para usted, y luego rastréelo metódicamente.

Permítame que le dé un ejemplo. Bárbara tenía un trabajo estupendo como secretaria de uno de los productores teatrales más importantes de América, y por lo tanto, acceso a algunos de los hombres más fabulosos del negocio del espectáculo (todos pasaban por su oficina en uno u otro momento, y algunos la invitaban a salir). ¿Suena perfecto? No para Bárbara. Un día comprendió que ese trabajo ideal era para ella un punto muerto, porque la clase de hombre que le gustaba no tenía nada que ver con la personalidad exuberante común al negocio del espectáculo. En lugar de eso, se perecía por los tipos tranquilos, sólidos, al estilo de los ingenieros.

Cuando comprendió esto, Bárbara se consiguió una lista de todas las firmas de ingeniería de Nueva York. Una gran cantidad de ellas estaba en el enorme edificio de los ingenieros de la calle 47 Este, de modo que escribió solicitudes de trabajo al Departamento de Personal de tres de las mayores compañías y poco después aceptó un trabajo en una de esas firmas (la que estaba creciendo más aprisa y tenía más hombres jóvenes). Antes de darse cuenta, Bárbara estaba sumergida en medio de ingenieros. Estaban en todas las oficinas, vestíbulos, ascensores, en el bar, en todas partes.

Ésa es la aproximación sistemática.

Voy a darle otro ejemplo. Cuando Vera consiguió su divorcio de un representante de imprenta, Ralph, juró que nunca volvería a otro club nocturno (él vivía prácticamente en ellos, acompañando clientes). Ella quería un hombre habituado al aire libre, alguien que pudiera levantar algo más pesado que un martini doble.

Comprendiendo que Chicago no era el terreno de caza ideal, se mudó con los niños a Oregón (su primo tenía una granja en las afueras de Eugene), y *lo* encontró casi inmediatamente. Era dueño de una de las granjas vecinas.

Vera tuvo suerte en seguida. Fue increíblemente afortunada. Pero dijo que si la pesca en Eugene hubiera sido pobre y no hubiera podido encontrar al hombre con quien soñaba, no se habría sentido descorazonada... Simplemente, hubiera probado otra zona del país. Tal vez Wyoming o Missouri. Porque ella sabía que él andaba por allí y que encontrarlo era sólo un asunto de tiempo (y de usar la cabeza).

Loretta había puesto su ideal en un abogado. No tenía ni conocimientos ni aptitudes para transformarse en secretaria de un estudio, de modo que se unió al Club Republicano (muchos abogados se dedican a la política) e hizo trabajo voluntario. Pese a que conoció abogados, no le agradaba ninguno, de modo que Loretta, que no tiene ideología, se cambió al Club Democrático. Allí comenzó a citarse con un Posible. Como las cosas no resultaron, recurrió al Partido Conservador y encontró uno estilo William Buckley, que reunía todos los requisitos. Ahora que están casados, su único problema es que él dedica muchos de sus ocios a la actividad política. Pero eso debería haberlo supuesto.

A mi amiga Karen la fascinan los médicos, de modo que hace trabajo hospitalario como voluntaria. Todavía no ha encontrado *el* médico, pero lo encontrará, aunque tenga que trabajar como voluntaria en todos los hospitales de la ciudad.

Yo tengo debilidad por los hombres que se dedican a las comunicaciones, de modo que he hecho amigos y conseguido trabajos en el campo de la TV, radio y publicidad. Estaba todo el día rodeada de hombres que me atraían y estimulaban, y por la noche conocía otros en las cenas y cócteles ofrecidos por mis amigos.

Si tuviese debilidad por el tipo académico, no me rodearía de electricistas. Si deseara un oceanógrafo, no lo buscaría en Kansas.

¿De acuerdo?

Trate de imaginar lo que probablemente haría el hombre de sus sueños, y acérquese lo más posible a su mundo.

Hasta ahora, en este capítulo, he estado aconsejando en primer lugar a las mujeres solteras, viudas y divorciadas. Si usted es casada y desea continuar estándolo, pero ansía un amante, no tiene por supuesto la misma movilidad que una mujer soltera. En especial si su marido no le permite trabajar. Si tiene niños en edad pre-escolar y sus fondos para pagar niñeras son limitados, será todavía más complicado. Pero no imposible. Todavía tiene acceso a una cantidad de hombres a quienes nunca consideraría como esposos, pero que serían más que adecuados como amantes. El hecho de que un hombre siempre figure en rojo en el banco y sea incapaz de ahorrar un dólar, no significa que no pueda ser un perfecto compañero de cama para usted.

Yo personalmente no estoy impulsándola a mezclarse en un acto de infidelidad. Como soy romántica, espero que usted y su esposo lo pasen tan bien en la cama, que no le quede energía sexual para otro hombre. Pero no toda la gente está casada porque gustan el uno del otro. Si usted siente que su situación personal mejoraría si tiene un amante, no voy a juzgarla. Esta sección pretende decirle *cómo* engañar y no *si*.

¿Quiénes son sus amantes en perspectiva? Son hombres de su comunidad que tienen la necesaria movilidad laboral para verla a horas extravagantes del día o de la noche, discretamente.

¿Dónde están esos hombres? Por todas partes. Vuelva a mirar al profesor de piano de sus niños. O al afinador. Muchos de ellos son ex-músicos llenos de ritmo. ¿Y qué pasa con su profesor de golf o ese caballero musculoso que le da lecciones de tenis? Los reporteros tienen horarios erráticos y con frecuencia, naturalezas eróticas. Los fotógrafos de retratos están siempre entrando y saliendo sin que en las casas nadie les pregunte nada. Coja un listín de teléfonos, haga una lista de fotógrafos y salga a examinarlos.

Casi todas las escuelas superiores tienen cursos de educación de adultos. Inicie un curso nocturno en escritura creativa, talla en madera o algo así. Tal vez encuentre un compañero del alma que no tendría inconveniente en faltar con usted a algunas de las clases.

Si tiene un patio amplio y desnudo, pida un presupuesto a ese guapo arquitecto paisajista. Puede hacerle gratis un cercado que oculte su aventura amorosa con usted a los ojos de los vecinos.

Si vive usted en una comunidad académica, elija un profesor. Los tipos estudiosos siempre pueden escaparse unas horas si la encuentran atractiva. Sin embargo, tenga cuidado con las estudiantes celosas que podrían escribir anónimos a su marido. Ha sucedido antes.

Algunos de los hombres con quienes entra en contacto, son completos fracasos. Los aseguradores sólo desean vender seguros. Los ejecutivos son demasiado formales. Los instructores de baile frecuentemente se inclinan hacia otros hombres, no hacia usted. Los yeseros y pintores no parecen tener otras urgencias que las que los llevan a hacer de su casa un completo chiquero. Olvide a los gerentes de supermercados y vendedores de zapatos. Al terminar el día *odian* a las mujeres.

Pese al hecho de que atienden llamadas domiciliarias, los médicos son por lo general reacios a dejarse seducir por sus pacientes. Pero si usted vive en una zona urbana, tal vez pudiera enganchar a su especialista favorito. Los médicos de las ciudades tienen más aventuras ilícitas que en los suburbios o en el campo, porque a un médico suburbano no le gusta demasiado aparcar su coche tan identificable (esas licencias especiales, recuerde) demasiado a menudo frente a la misma casa, sobre todo cuando todo el mundo en el barrio sabe que su ocupante no ha estado jamás enferma. Los médicos también son aprensivos con respecto a cualquier jueguecito durante los exámenes en su consulta, por miedo a ser sorprendidos con una demanda escandalosa. Si quiere usted una revisión *completa*, tendrá que atraer a su médico fuera de la consulta.

Hay toda clase de técnicos en reparaciones, repartidores y sobre todo repartidores jóvenes. Recomendaría en especial que se mantuviera *apartada* del chico del colmado. Casi invariablemente, resulta un chismoso y no podrá resistir a la tentación de explicar lo que ha estado repartiéndole a *usted*. Existe una buena posibilidad de que alardee de sus hazañas no sólo frente a sus compinches juveniles, sino también frente a su peor enemigo.

Es posible que a usted le agraden los vendedores de revistas a domicilio. Yo siempre estoy convencida de que me ofrecen un gran precio por el *Ladies' Home Journal* sólo para hacerme abrir la puerta, después de la cual saltarán sobre mí, me abrirán la garganta y robarán el diamante y el broche de granate de la bisabuela.

Prefiero comprar las revistas por suscripción, telefónicamente, o bien acudo al puesto de periódicos más cercano, cuyo propietario tiene ciento ocho años y artritis en las dos piernas. Yo podría ganarle llevando a la espalda un año de la edición dominical del *New York Times*.

También me da miedo ligar con hombres extraños por la calle. Con la suerte que tengo, ligaría con Jack «el destripador» o con un policía vestido de paisano.

La *mejor* manera que tiene una mujer de conocer posibles amantes, es a través de su esposo. Él trabaja todo el día con hombres, a alguno de los cuales usted probablemente adora. Si está absolutamente decidida a prescindir de la conciencia, anime a su esposo a que le presente sus socios. O dé una fiesta. Su agente de Bolsa, su abogado, ese importante hombre de la investigación de mercado con quien almuerza una vez por semana, pueden ser atraídos con facilidad durante esa gran fiesta que ofrezca usted el mes próximo si puede inducir a su esposo a que los invite. Pero no vale quejarse si su marido comienza a perseguir a la mujer del agente de Bolsa. Recuerde las traviesas intenciones que hay en su preciosa cabecita.

Todas las mujeres —casadas, solteras, viudas o divorciadas— tienen en algún momento de su vida problemas para encontrar hombres que les gusten. Hasta las mujeres más atractivas a veces se encuentran en esa situación. Cuando le suceda a usted, no se deprima. Experimente con un nuevo estilo de peinado, compre un vestido muy femenino en una liquidación, haga una dieta, redecore su dormitorio, haga cosas femeninas de tipo constructivo y que mantengan alta su moral, y asegúrese de que en ese momento malo intensifica su actividad de cazadora de hombres, utilizando ambas aproximaciones: la general y la sistemática. No pasará mucho tiempo antes de que vuelva a encontrar otro.

18

ORGASMO: DE USTED, NO DE ÉL

De vez en cuando, la Mujer Sensual encuentra necesario sacar de su maleta de placeres una de sus mayores habilidades: la Sara Bernhardt.

Actúa.

Ya puedo escucharla aullando: *¿por qué*, si es usted tan apta para la respuesta sexual, tendría que fingir?

¿Cómo me atrevo a decirle que finja, después de haberme pasado diecisiete capítulos diciéndole que sea *sexy* y verdadera?

Me atrevo porque soy práctica.

Por muy sensual que usted sea, habrá días en que no tiene deseo de hacer el amor. Puede estar constipada, o muy cansada por exceso de trabajo o presión, o en fin, de alguna manera, no importa lo que intente, no consigue que su cuerpo responda por completo. Eso le sucede a todas las mujeres, incluso a las más *sexy*.

Pero las tensiones sexuales de los hombres

no siempre coinciden con los fallos femeninos. Con frecuencia, los hombres son más ardientes durante los malos momentos femeninos.

Hay momentos en que puede usted legítimamente decir: «Te amo, pero en ese momento no puedo hacer el amor», pero ninguna mujer de cierta sensibilidad rehusaría a hacer el amor con un hombre que le importe, sólo porque «no tiene ganas». Se concentrará como loca en todas las fantasías que la estimulen sexualmente, se ocupará de que su cuerpo responda lo mejor que sea posible, y si realmente no puede llegar al orgasmo, lo fingirá para evitar desilusionarlo y arruinarle su excitación.

Si lo hace bien, él no lo descubrirá. Es sorprendente, pero es verdad.

Hasta ahora, no he conocido ninguna mujer que no lo haya hecho ocasionalmente.

Y si se siente actriz y quiere introducir unos estremecimientos y gemidos extra, para igualar su pasión, adelante. Pero cuídese de no exagerar, porque entonces él sospechará y se sentirá muy desilusionado e inadecuado, que es, por supuesto, lo opuesto a la respuesta que está usted procurando crear.

Desde el comienzo de los tiempos, las mujeres han fingido. Algunas de las mayores falsificadoras, han sido mujeres famosas por su capacidad sexual: cortesanas, amantes, diosas del amor. Cuando sus vidas o sus reputaciones dependían de ser una compañera de lecho cachonda y erótica, esas damas no permitían que una carencia de verdadera pasión interfiriera en su actividad sexual. Actuaban con gran entusiasmo. Si una diosa del sexo se despierta mal y su hombre quiere hacerle el amor, regresa a la cama y se queda allí hasta que él, en su éxtasis, trepa a la cabecera de la cama. Ella no permitirá que se corra la voz de que es una mala amante.

Si algunas de las mujeres voluptuosas del mundo piensan que es de sentido común fingir de vez en cuando, comience a pensar en transformarse en una falsificadora experta. Hay tres buenas razones para hacerlo:

1. Puede hacerlo feliz.

2. Un amante satisfecho regresa, y la próxima vez usted estará probablemente muy cachonda y apenas podrá esperar a hacer el amor.

3. A veces, si es usted una actriz realmente buena, llega a un orgasmo *real* por medio del falso.

Para transformarse en una fabulosa falsaria, vuelva a estudiar cada contorsión, espasmo muscular y respuesta corporal que conducen al orgasmo, y ensaye el proceso privado hasta poder reproducirlo.

Pero recuerde que no importa lo furiosa que pueda estar con él o cuánto puede desear herirlo en un momento dado o destrozarlo temporalmente, nunca, *nunca* debe revelarle que alguna vez ha fingido en la cama.

Traicionará un secreto compartido por todas las hembras.

Hay algunos secretos que un sexo nunca debe revelar al otro. Éste es uno de ellos.

Y para ser prácticas una vez más, si usted se pelea pero luego se reconcilia, habrá perdido parte de él, porque nunca más volverá a confiar por completo en usted o a gozarla totalmente en la cama.

Ése es un duro precio que pagar por ser bocazas.

19

ORGASMO: EL DE ÉL, NO EL DE USTED

Jamás he oído mayor disparate que la tontería que se ha dicho en los últimos años de que la única manera de que dos personas puedan alcanzar auténtica satisfacción sexualmente, es que ambos tengan orgasmos simultáneos.

Este tipo de propaganda es muy triste, porque las parejas que creen en ella se privan de una de las mejores partes del sexo: sentir cómo el compañero llega al orgasmo.

Para una mujer hay una dulzura especial, ternura, orgullo y sí, incluso un sentimiento de poder que no conoce si está ocupada con su propio orgasmo mientras él tiene el suyo.

En este caso, usted ha puesto todo su amoroso esfuerzo para excitarlo y complacerlo sexualmente. ¿No tiene derecho a estar allí para contemplar la culminación de su arte? Durante el coito, usted puede tener toda una sucesión de orgasmos, pero lo más probable es que él sólo tenga uno, de modo que no permita que ningún manual matrimonial la con-

venza de perderse el momento en que él esta-
lla dentro. *Sienta* las contracciones de su pene
y todo su cuerpo cuando se entrega por completo al éxtasis de su cuerpo y derrama su
amor en usted.

Nunca será más suyo que en ese momento.

20

AMOR, AMOR, GLORIOSO AMOR

He hablado mucho sobre sensibilidad al contacto, habilidades físicas, apetito sexual e importancia de la entrega entusiasta al acto del amor...

La he puesto en guardia contra el peor enemigo sexual de la mujer: la familiaridad...

Le he hecho percibir cuáles son sus mayores aliados en la tarea de mantener sexualmente a un hombre: la imaginación, la percepción de sus humores y deseos y el coraje de experimentar con nuevas técnicas, situaciones y lugares atrayentes...

Y he señalado cómo escoger más eficientemente al hombre de sus sueños.

Pero ¿he hablado lo suficiente de *amor*?

Porque es el amor el que hace que una mujer se sienta completa.

Y le da a su existencia un sentido.

Respételo, deléitese con él y aprenda a *comprenderlo*.

Sexualmente, usted puede disfrutar y quedar físicamente satisfecha sin amor, pero sólo con amor se sentirá *completa*.

Recomiendo con entusiasmo el amor.

Sólo le romperá el corazón en los siguientes casos:

1. Si elige mal el objeto de su afecto.

2. Si no llega a comprender el papel totalmente distinto que juega el amor en la existencia del hombre.

Muchas mujeres han sufrido daño, ansiedad y cólera, porque no comprendieron que el hombre ama de otra manera que la mujer.

Para un hombre, el amor y la vida son cosas distintas.

Para una mujer, el amor es la vida misma.

Si comprende esto cabalmente, se evitará muchas lágrimas.

No es anormal que él, aun amándola con ternura, se olvide de usted durante horas. Pero es normal que usted sea incapaz de apartarlo de su mente y de su cuerpo, por mucho que lo intente.

En parte, la razón de eso está en los distintos tipos de actividades que ocupan sus días. Sus actividades están casi todas relacionadas con él; las suyas no tienen nada que ver con usted. Cuando usted va a la tienda de ultramarinos, compra artículos teniendo en cuenta sus gustos en materia de alimentación. Cuando hace la colada, maneja sus ropas íntimas; ropa interior, calcetines, etc., y automáticamente piensa en él. Cuando se prueba un vestido nuevo, se pregunta: «¿Le gustará?» Cuando se excede usted en la cuenta conjunta o arruina su cuchillo favorito al tratar de abrir con él una puerta trabada, la pone nerviosa su posible cólera.

En cambio, no es probable que ninguna de las actividades de él le aporten su recuerdo. En el informe de treinta páginas sobre tendencias fiscales que él está preparando para la industria en que trabaja, no hay nada que lleve sus pensamientos hacia usted. Cuando convoque una reunión de su departamento para planear la nueva promoción de los tractores pesados, no meditará sobre su posible reacción. Usted puede preocuparse por cómo se desarrolló su reunión con Ventas Consolidadas esta mañana, pero él jamás pensará si usted limpió el cuarto de los niños u ofreció sin contratiempos ese almuerzo. El único momento en que es probable que piense en usted, es cuando está mirando la carta del almuerzo. Procurará adivinar qué preparará usted para la cena, a fin de no comer cordero o carne asada dos veces en el mismo día.

Aparte de la diferencia entre sus actividades cotidianas, hay otro aspecto psicológico de su trabajo que le impide estarse sentado pensando sentimentalmente en usted. Y es que la mayor parte de los hombres están tan comprometidos con sus carreras y sienten tanta pasión por ellas como por sus mujeres. Me temo que ésa sea la naturaleza del macho, de modo que relájese y acepte la realidad y permanencia de esta situación.

Ya que él es incapaz de amarla el ciento por ciento del tiempo, ¿debería usted pagarle con la misma moneda?

¡Rotundamente no! Sería usted loca si fuera contra su naturaleza y se perdiera muchos momentos tiernos, dulces y enteramente femeninos en los que usted piensa en sus numerosas cualidades y sus modales simpáticos; o la creciente excitación que precede a su regreso a casa todos los días, o las muchas cosas que hace amorosamente para hacerle la vida más confortable, y que le deparan a usted tantas satisfacciones.

Nosotras, las mujeres, hemos nacido para amar, y sólo cuando amamos con todo nuestro ser somos felices.

De modo que... amor, amor, glorioso amor. *No* le tenga miedo.

Permita que el amor entre en todos los aspectos de su vida.

SATISFACCIÓN

Bueno, henos cerca del final. No escribiré nunca más otro libro, aunque encuentre un método para tener cincuenta orgasmos en un minuto.

Como soy típicamente femenina, he dejado para el final una de las declaraciones más importantes, porque sé que si no aclaro esto mucha gente me atacará: no soy psiquiatra, ni psicóloga, ni ginecóloga, ni investigadora o cualquier otra clase de experta. Hasta ahora, ni siquiera soy capaz de manejar el abrelatas eléctrico, mucho menos los montones de papeles técnicos escritos sobre la sexualidad humana.

Definitivamente, éste es un libro «no oficial» escrito por una profana.

Una profana increíblemente feliz, porque mientras estoy aquí tendida (no debería decirlo, pero escribo en la cama), dando los toques finales a *La mujer sensual*, está junto a mí el hombre con que siempre soñé y no pude conseguir hasta hace cinco años.

Me gané su amor transformándome en una Mujer Sensual, y así es como lo mantengo y regresa a mí todas las noches.

Para conseguirlo, hice prácticamente todo lo que hay en este libro. Sé que mi método funciona aun cuando las apuestas estén en contra, porque tendrían que haber visto mi competencia. Una de ellas se parecía a Grace Kelly y la otra era el doble de Sofía Loren.

Ahora bien, yo ni en mis mejores días sería capaz de compararme con esas dos damas, que además eran inteligentes, encantadoras y muy listas.

Sin embargo, él dejó por *mí* a esas dos criaturas despampanantes. Créanme, no fue casualidad. Un milagro tal vez, pero una casualidad no.

Yo he trabajado para construirme una vida sexual y romántica verdaderamente hermosa, y creo de todo corazón que usted experimentará el mismo milagro de amor y plenitud si sigue el método de este libro.

Vamos. Comience a moverse. ¡Va a pasar una época maravillosa! Piense solamente en toda la felicidad sexual y en esos hombres deliciosos que se cruzan en su camino.

A usted le encantará ser una Mujer Sensual.

Y ahora, si me perdonan, voy a volverme, y comenzando con el Remolino Sedoso y el Aleteo de la Mariposa, llevaré a mi hombre (y a mí) al éxtasis.

COLECCIÓN DOCUMENTO

Obras publicadas

COLECCIÓN TEXTOS

Títulos publicados